电商团队

管理全案

招聘培训与绩效薪酬

张宜君　编著

化学工业出版社

·北京·

内容简介

在互联网蓬勃发展的今天，电商也随之快速发展，一些公司开始进行电商化转型。基于这样的形势，电商团队管理受到了越来越多的人关注。要想做好电商团队管理，首先要解决一些问题：应该如何组建一支优秀的电商团队，如何进行电商团队的建设，如何建立高效的培训体系。对于这些问题，本书将为读者详细解答。

《电商团队管理全案：招聘培训与绩效薪酬》一书有步骤地为读者讲解电商团队管理的方法和技巧，同时还引入了很多经典的案例，以便读者更好地理解、学习。

图书在版编目（CIP）数据

电商团队管理全案：招聘培训与绩效薪酬/张宜君编著．—北京：化学工业出版社，2021.1（2023.3重印）
ISBN 978-7-122-37885-9

Ⅰ．①电… Ⅱ．①张… Ⅲ．①电子商务-经营管理 Ⅳ．①F713.365.1

中国版本图书馆CIP数据核字（2020）第193052号

责任编辑：刘　丹　　　　　　　　　　装帧设计：王晓宇
责任校对：王鹏飞

出版发行：化学工业出版社（北京市东城区青年湖南街13号　邮政编码100011）
印　　装：三河市延风印装有限公司
710mm×1000mm　1/16　印张13　字数159千字
2023年3月北京第1版第2次印刷

购书咨询：010-64518888
售后服务：010-64518899
网　　址：http://www.cip.com.cn
凡购买本书，如有缺损质量问题，本社销售中心负责调换。

定　　价：55.00元

前　言

　　如今，很多管理模式已不适用于新兴的电商团队。如何利用现代化管理模式建设一支强有力且训练有素的电商团队，是电商团队管理者首先要解决的问题，也是很多电商团队迅速崛起的关键。

　　在严峻的现实面前，电商团队管理者需要提高自己的管理能力，通过现代化管理模式解决招聘难、培训难、人才流失、绩效考核难以落地、制度不完善、薪酬成本增长等问题。然而很多电商团队管理者缺乏管理经验，导致电商团队效率低下。

　　面对电商团队管理者的"痛点"，笔者根据自己多年的深入研究和亲身实践，总结出一套有针对性的电商团队管理经验。例如，如何招揽优秀人才，如何制定科学合理的组织架构，如何建立培训体系，如何为电商团队设置制度，如何实施目标管理、游戏化管理、去中心化管理、流程化管理，如何进行绩效考核与薪酬设计，如何执行激励机制等。

　　若有电商行业的创业者或从业者对管理电商团队感到困扰，那么本书将为其提供可靠、有效的帮助。对于电商相关专业的学生或是对电商行业有兴趣的读者，也可通过本书了解电商团队管理的技巧。

　　由于笔者学识所限，书中难免有疏漏之处，恳请读者批评指正。

编著者

目 录

第3章 团队建设——制定科学合理的组织架构

第4章 培训体系——为电商团队打造强大"内驱力"

第5章 制定制度——制度是团队管理的一把标尺

第6章 目标管理——有了目标,电商团队才好管理

第7章 游戏化管理——适合年轻电商团队的管理模式

第8章 去中心化管理——将管理者变成教练的管理模式

第9章 流程化管理——流程能够提高电商团队的效益

第10章　绩效考核——电商团队要发展，绩效考核少不了

第11章　薪酬设计——保证每一位员工劳有所得

第12章 激励机制——有激励，员工才更有动力

附录

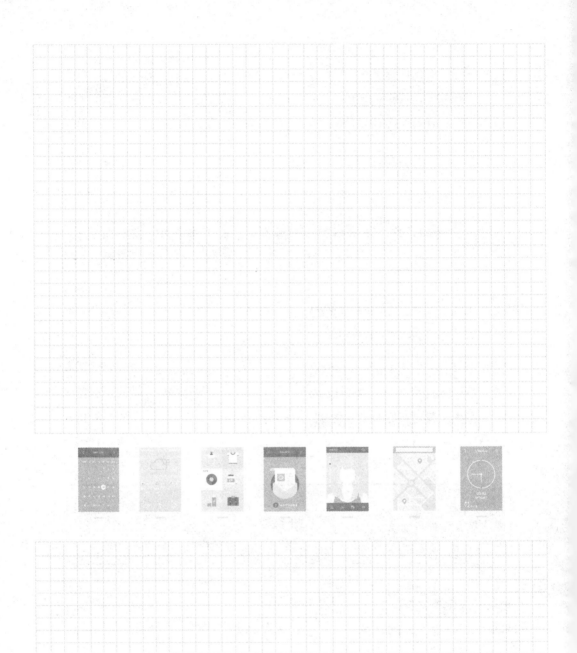

突破困境——
电商团队管理的终极目标

当前，经济不断发展，技术不断进步，互联网对人们生活的影响日益广泛且深刻，这些都推动了电商的发展。在电商发展迅猛的今天，大大小小的团队如雨后春笋般不断涌现。如今，各种各样的电商团队虽然很多，但取得成功的并不多，电商团队发展的过程中存在成本、员工方面的困境，管理的主要目标就是突破困境。

1.1 成本困境：
流量获取＋压账＋库存＋物流

电商的成本困境来源于运营过程中的方方面面，其中对成本影响最大的四个要素是流量获取、压账、库存和物流。

（1）流量获取

流量是电商的生命线。如今，流量获取的成本越来越高，电商的大部分利润都给了流量分发商，如淘宝、腾讯等。一些电商团队的销售额并不低，利润却不高。

例如，名鞋库的SEO（搜索引擎优化）做得相当出色，每年都有大量的高质流量进入其官网。不过名鞋库的年利润并不高，因为获取流量需要花费几千万元甚至上亿元的竞价排名成本。去掉竞价排名成本以后，其利润已经所剩无几。

获取流量的成本很高，但是如果电商团队不在获取流量方面投入足够的成本，则很难提高产品销量，获得更多收益。

（2）压账

除了流量获取的成本外，电商团队还要考虑压账的成本。在电商团队的运营中，压账是十分常见的。有不少电商团队经过几年的打拼，从财务层面看是盈利的，但是账户却没有多少资金，这种局面就是压账导致的。

电商团队作为产品的供应方，如果没有及时收到收货方的货款，甚至被收货方恶意压账，就会在资金周转方面承受更大的压力。在当前市场，压账是很常见的事情，这对电商团队如何做好货款回收提出了更高的要求。

（3）库存

库存积压也是导致电商团队遭遇成本困境的原因。对于库存压力比较大的公司来说，各大购物节是去库存的良机。但对于没有线下销售渠道，只靠线上销售的电商团队而言，备货有时像是一场赌博：备少了错失良机，备多了库存积压导致周转资金减少。

许多电商团队因库存积压、缺少周转资金而走向失败，因此，电商团队必须对库存做出合理规划，根据团队实际情况和市场环境科学备货。

（4）物流

客户都希望电商可以提供免费的配送服务，绝大多数电商也确实是这样做的，这虽然可以带来更多的客流量，但也增加了物流成本。物流费用是电商运营的硬性成本，且随着电商运营规模的扩大，物流成本会越来越高。

电商运营的物流成本主要由三个方面组成，即快递费、物料成本和人工成本，这三者都是随着订单数的增加而增加的。

① 快递费是电商团队付给快递公司的费用。

② 物料成本包括产品包装所用到的纸盒、胶带、泡沫等。

③ 人工成本是产品打包等人力成本。

物流成本是电商团队运营成本的重要组成，如何从快递费、物料和人工费方面节省成本是电商团队需要思考的问题。

总而言之，流量获取的成本不断提高、收货方压账、库存积压、物流方面的支出越来越高，都造成了电商团队的成本困境。面对成本困境，很多电商团队开始另辟蹊径，例如，选择更优惠、更高效的营销方式，在实现盈利的同时快速消化库存。

1.2 员工困境：
不好招＋教不会＋管不好

员工管理问题主要表现为三个方面，即员工不好招、教不会、管不好。

（1）不好招

在各大招聘平台，电商团队的招聘信息比比皆是，然而真正能招到合适员工的却很少。电商团队招聘难的原因主要有两个。

首先，随着技术的发展，电商行业对人才提出了更高的要求。尤其是随着"互联网＋"、跨境电商等新风口的出现，更是需要大量的电商方面的人才。即使每年各大高校都有专业性人才输出，仍难以满足巨大的市场需求。

其次，受电商行业"996"作息的影响，薪酬问题和抗压问题是员工选择在电商行业就业时考虑的主要因素。员工对薪酬的要求越来越高，而很多员工的抗压能力并不高，这些问题都加大了电商团队的招聘难度。

（2）教不会

有些电商团队在培训员工的过程中只讲大道理，而不讲实际的方法和技巧，很难使员工掌握工作技能。同时，一些电商团队管理者在做事时喜欢亲力亲为，使得员工难以有足够的实践机会。此外，一些电商团队在对员工进行培训时，并没有完善的奖惩机制约束员工的行为。

（3）管不好

员工管不好的原因是多方面的，主要表现如下。

① 没有做好员工的任务分配，使得员工的任务重、压力大。

② 没有完善的培训机制，员工的发展空间不大。

③ 没有合理有效的激励措施，员工没有动力和积极性。

④ 规章制度不严格，或者没有被严格执行。

此外，电商行业发展速度过快、人才出现断层、不容乐观的工作环境、电商团队在决策或行动上出现失误等因素也会在一定程度上造成员工困境。虽然外界的环境难以改变，但是电商团队可以改变自身，多关注员工的培养和管理，以便尽快突破员工困境。

1.3 组建电商团队的绝对优势

尽管组建电商团队很难，但是却很有必要。通过网络，消费者足不出户便可以了解产品的相关信息并进行购买，网购也改变了很多消费者的消费习惯。在这种大形势下，餐饮、外卖、旅游、家政、招聘、洗车、美甲、洗衣、养老等领域的电商公司开始大量涌现，这给仅依靠线下的商业模式带来了巨大的冲击和影响。因此，对于服务类、零售类公司来说，组建电商团队十分有必要。

与线下团队相比，电商团队的特点主要表现在以下三个方面。

① 网络化。电商团队将其工作内容搬到了网上，进行网络化的管理、推广和销售。网络化的模式节省了电商团队的成本，也优化了电商团队的工作效率和营销效果。

② 虚拟化。虚拟化即在形态上打破之前的组织结构边界，生产、销售、财务等不再设立单独的部门，员工的利用率也大大提高。同时，交易双方可以快速完成电子交易和网上支付。

③ 扁平化。扁平化使整个电商团队形成了一种紧凑的组织形式，同

时也降低了管理难度。这不仅有利于减少不必要的中间环节，形成一条快速有效的指挥链，还可以增强电商团队的系统性和凝聚力。

网络化、虚拟化和扁平化是电商团队的三个特点，其形成与互联网的发展密切相关。有了这三个特点，组建电商团队的优势也逐渐显现出来，主要包括以下几个方面。

（1）高效率

电商团队借助互联网使消费者获取信息的能力得到进一步提高，虚拟的电子交易过程提高了交易的效率，也提高了电商团队的工作效率。

（2）低成本

组建电商团队的优势之一就是启动成本低。实体店铺通常需要支付较高的租金，还有招牌设计、装修、库存、销售设备等方面的支出。实体店铺还需要雇用更多的员工，这是一笔比较大的人力成本。

而电商团队开网店只需要交付较低的平台"租金"即可。前期的招牌设计、产品展示等工作也只需一位美工人员即可。在人力成本、销售设备成本等方面，电商团队付出的费用比实体店铺低得多。

（3）打破时间与空间的限制

电商团队打破了交易的时间限制，网店可以做到24小时营业，而大多数实体店铺的营业时间都是早上9时至晚上9时，这无疑为网店带来了潜在的商机，更容易吸引白天没有时间购物的消费者。

此外，电商团队也打破了交易的空间限制。实体店铺的客源范围是有限的，而网店的交易空间却很广，不同城市的消费者可以在同一家网店买到自己需要的产品。

（4）更容易鼓励消费者冲动购买

相比实体店铺的广告，网店的广告更具有冲击力。而且电商团队还可以利用一些策略，例如，显示倒计时或者显示产品剩余数量等，鼓励消费者购买。除了电商团队开展的活动外，电商平台的各大购物节也有效地提高了消费者的消费欲望。

（5）消费者获得了较少的入侵体验

很多实体店铺的员工表现得过分热情，容易引起消费者的反感。在网购时，只有在消费者主动联系客服时，客服才会与消费者沟通，消费者掌握着与客服沟通的主动权。

（6）快速扩大业务规模

当网店的发展势头良好，电商团队想扩大业务规模时，其产品投入、广告投入的速度都要比实体店铺快得多。因为电商团队不必扩建或者另寻实体店铺，也不必再次进行装修，只需要在网店推出新的产品，并加大宣传力度即可。

（7）营销方式多样

互联网的发展使得电商的营销方式不断增加，短视频推广、微信推广、微博推广、自媒体推广等拓宽了消费者接受信息的渠道，也变革了消费者的消费模式。

1.4 案例：打造电商团队超强战斗力

某经营服装类产品的电商团队在其经营的三年内实现了快速发展，团队营收逐年增长，团队规模不断扩大。那么，该团队是如何获得成功的？

该电商团队的成功源于团队超强的战斗力。流量获取困难是电商团队面临的主要难题，若通过大量的广告宣传获取流量，无疑会增加运作的成本。在这方面，电商团队通过打造微信公众号、微信小程序、微博账号、抖音账号等，打通了多条线上营销渠道，实现了多方引流。以微信公众号为例，除了定期在微信公众号上发布与产品相关的"干货"文章、发放各种福利以吸引流量外，电商团队还积极与其他微信公众号合作进行交互推广，以便实现精准引流。经过多渠道的长期经营，电商团队在保证低成本投入的前提下获得了更多的流量。

该电商团队是如何打造超强战斗力的？他们主要是做到了以下几个方面。

首先，为了提高团队员工的战斗力，电商团队十分重视团队文化的打造和对员工的培训。在招聘员工时，电商团队会向应聘者讲述团队文化，包括价值观、管理制度、员工行为准则等，认同团队文化的应聘者才能够成功应聘。同时，电商团队为各岗位的员工建立了完善的培训制度，新员工能够通过培训快速成长，老员工也能够通过培训不断提高自身的工作能力。

其次，做到了因人设岗，更能实现员工价值。电商团队坚持因人设岗的原则，不会因为某个岗位空缺而立刻为这个岗位安排员工，并让员工马上开展工作。在安排员工之前，电商团队首先要判断员工是否有很强的自我驱动力、解决问题的能力，以及融入团队的能力。员工也可以依据自己的工作优势选择适合自己的工作岗位。因人设岗能够充分发挥员工的工作优势，使员工创造更大的价值。

最后，电商团队十分关注客户需求，重视客户反馈。电商团队推出的微信公众号、微信小程序的页面上都设有"意见反馈"这一项，以便客户反馈意见或提出建议。同时，电商团队会定期整理微信公众号、微信小程序员、微博及抖音的评论与私信等信息，归纳、分析客户的反馈，并据此改善销售、客户服务方面的问题，为客户提供更优质的服务。

招贤纳士——
优秀人才是电商团队的核心

在以知识经济为主导的时代，人才的重要性越来越明显。随着电商行业的不断发展，人才已经成为电商团队竞争的关键因素，优秀人才更是电商团队的核心竞争力。

但是电商行业的人才现状并不乐观，人才缺口越来越大。如何招揽优秀人才、招揽什么样的优秀人才已经成为组建电商团队时需要仔细考虑的问题。

2.1 电商行业的人才现状：
"泡沫"严重

电商行业已经出现了人才"泡沫"，一些员工工作3个月就认为自己是老员工，工作6个月就把自己当成资深员工，有两年工作经验就要求年薪百万，这样的情况在电商行业十分常见。造成人才"泡沫"的原因主要表现在两个方面，分别是电商行业的人才缺口巨大和电商公司对于人才的狂热。

（1）电商行业的人才缺口巨大

随着电商行业的快速发展，其高效率、低成本的各种优势被越来越多的公司注意到，新兴的中小型电商公司越来越多，传统公司向电商化的转化进程也在不断加快。

《2019年度中国电子商务人才状况调查报告》显示，80%左右的电商公司存在人才缺口，还有28%的电商公司已经制订了大规模招聘计划。由此可见，电商行业的人才需求还是比较大的。

（2）电商公司对于人才的狂热

目前，在造成电商公司发展压力的主要因素中，人才问题占了很大比重。上述报告还显示，54%的电商公司急需新媒体、社群方面的人才；50%的电商公司急需淘宝、天猫等传统运营方面的人才；32%的电商公司急需客服、电话销售等方面的人才；32%的电商公司急需美工、视频动画制作等技术型人才；33%的电商公司急需综合型高级人才；16%的电商公司急需物流仓储等方面的人才；17%的电商公司急需产品策划、研发等方面的人才。

很多电商公司为了吸引优秀人才，通常都会给出较高薪水。《2019年度中国电子商务人才状况调查报告》显示，在电商公司中，普通员工月薪在4000～5000元的占20%；月薪在5000～7000元的占61%；月薪在7000～10000元的占15%；月薪在10000元以上的占4%。为了招聘到合适的人才，有些电商公司甚至不惜花费重金从对手那里招募人才，一个电商总监年薪30万元是常有的事。

一家著名的女鞋生产公司由于生存环境的压力准备做电商化转型，开辟电商市场，但在寻找人才时却发现合适的人才十分稀少。即使想以高薪聘请一个有丰富经验的电商运营人才，也是一件很难办到的事情。

无论是市场的巨大需求还是电商公司对于人才的狂热，都是由于电商人才的稀缺。那么，如何在这种电商人才"泡沫"严重的情况下成功招揽到合适的员工呢？电商团队必须先做好以下三个方面的工作。

① 理性对待人才危机。虽然电商行业存在人才缺口大、人才流动大、成本高、培养难度大等诸多困境，但是这些困境并不是没有办法破

解。各电商公司对于电商人才的狂热是导致人才"泡沫"的原因之一，因此，理性对待人才危机才是优秀的电商团队管理者应该具备的素质。

② 减少人才流失。对电商团队来说，留住人才是避免人才危机的重要举措。如何留住人才呢？最关键的是做到人岗匹配。电商人才在合适的岗位上才能充分发挥自己的才能，进而获得满足感。管理者要尽可能按照工作内容和执行效果来招聘人才，同时还要按照人岗匹配的原则来分配人才。

③ 内部培养人才。电商行业的人才短缺，从外部招聘到合适的人才比较困难。这种情况下，电商团队可以考虑在内部培养人才，一方面可以形成一个系统的培训体系，不断为团队输出有价值的员工；另一方面也能提升员工的忠诚度，降低员工的离职率。

总而言之，虽然电商行业的人才需求存在缺口，但管理者不应该悲观，要努力打造有特色的电商团队文化，尽量避免员工流失，最好还要培养核心人才。

2.2 组建电商团队需要招聘哪些员工

虽然电商行业的人才现状不是非常乐观，但是管理者依然不能停下招聘的脚步。那么，管理者需要为电商团队招聘哪些职位的员工？

① 客服人员：客服人员的主要工作是接单、打单、查单等，同时也需要负责跟踪物流、处理退换货、接受客户咨询、处理客户留言等相关

事项。

② 运营人员：运营的主要工作就是对全局进行管理和把控。以产品运营为例，该职位的工作包括定价、包装、发货等。此外，产品运营人员还需要随时与仓库方面进行对接，以保证产品的及时供应。

③ 推广人员：推广的工作包括活动策划、推广工具使用、宣传平台维护等。例如，推广人员需要编写软文，并将软文发布到微博、微信公众号、抖音、快手等宣传平台上，从而使网店得到更多的关注，让产品能更好地销售出去。

④ 美工人员：美工是有浓重电商色彩的职位，美工人员主要负责页面的设计、网店的装修、图片的美化等。

⑤ 数据管理人员：数据管理主要是和数据打交道，数据管理人员负责数据的收集、分析，以便为销售、广告计划、考核制度、进货、活动安排等提供最准确的决策依据。在大数据时代，为了获得更好的发展，电商团队必须重视数据分析这一工作。

⑥ 行政人员：行政人员负责电商团队信息的反馈与统计，负责组织各种会议并做会议记录，负责电商团队的人员招聘，同时，行政人员也需要做好员工的考勤并配合好其他部门的工作。电商团队招聘行政人员能够使团队的运作更加合理、顺畅。

⑦ 财务人员：财务人员负责电商团队的资金调配，核算电商团队的成本与利润，同时负责团队财务的日常管理工作，在月度、季度、年度末形成财务报告。

根据电商团队的业务及规模不同，其对员工的需求也不相同。在具体操作时，管理者应该根据自身的需要和实际情况，合理地招聘不同职位的员工。

确定了需要招聘的员工后，管理者还需要在应聘时仔细甄别，以便找到适合的人才。一般来说，适合电商团队的人才必须具备以下六项素质，如图2-1所示。

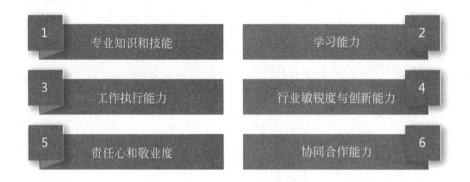

图2-1 电商人才必须具备的素质

首先，专业知识和技能是电商人才必备的基本素质，掌握专业知识和技能的人对电商业务非常了解，而且工作效率高，管理者在挑选人才时需要重点关注此类人。互联网正处于高速发展中，管理者必须招揽一批学习能力和工作执行能力都非常强的人以适应这样的大趋势。

其次，电商行业不断涌现出很多新思维、新技术和新形态，在这种情况下，管理者就需要招揽有较强的行业敏锐度与创新能力的人才。

再次，责任心和敬业度也是电商人才必不可少的素质。电商行业的竞争十分激烈，有责任心和高度敬业的员工能够勇于承担责任，为其他员工做好表率，以良好的风貌带领大家团结向前。

最后，电商团队不是一个人的战斗，而是电商团队所有成员的共同战斗，因此，管理者需要招揽具有协同合作能力的员工。电商团队是极其注重协同合作的，每个人的角色都不一样，并且是缺一不可、无法替代的，通过各成员协同合作，能够更大限度地发挥出团队的力量，达到"1+1>2"的效果。

总之，管理者需要时刻关注市场动向，立足全局思考人才的选择与调整。格局决定未来，有积极进取精神的人才可以跟上电商团队的发展脚步，并积极地为电商团队做出贡献，勇于拼搏，奋勇向前。

2.3 选择合适渠道，助招聘一臂之力

电商团队在招聘时，可以选择的渠道很多，这就需要管理者擦亮眼睛，谨慎对待。那么，管理者具体应该如何选择？要想解决这个问题，必须对招聘渠道的现状有所了解。

适合电商团队的招聘渠道主要有网络招聘、员工推荐、猎头公司、内部选拔、媒体广告、现场招聘会等。其中，在智联招聘、51job、Boss直聘等招聘网站上进行招聘最受欢迎，是电商团队比较青睐的途径。

目前来看，大多数电商团队仍然以外部招聘的方式来获取人才，但是从长远发展来看，这并不是最有效的方式。因为电商人才的专业性强且稀少，外部招聘无疑是大海捞针。对于电商团队来说，最有效的办法是打造自己的人才体系，有针对性地获取人才。

很多电商团队由于实力有限，无法仅凭一己之力打造人才体系，可以与行业内的大公司进行合作来获取人才。例如，苏州软件园与阿里巴

巴合作获得了大量高质量的电商人才。这样的方式对经济实力和资金储备的要求较高，并不适合中小型电商团队。

为了提升招聘的效率，电商团队在招聘时应该使用效率高的招聘渠道。此外，电商团队不能依赖某一单一的招聘渠道，而应该通过多种招聘渠道进行招聘。当各种招聘渠道共同发挥作用时，才能够尽快招聘到适合电商团队发展的优质人才。

2.4 领导魅力
造就电商团队高度

电商团队的管理者负责统筹安排、组织协调，对方案作出决策，带领电商团队向前发展。管理者是否有魅力对于电商团队的发展至关重要。有些管理者缺乏的不是专业能力，而是对员工的影响力。例如，有些管理者只盲目要求员工，却不以身作则，或是只看重利益与业绩，疏于对员工其他方面的管理。这些行为都不利于电商团队的健康发展。

一个成功的管理者会将自己的魅力发挥到极致，由此产生影响力，并促成管理力，最终实现既定的目标。在实现目标的过程中，成功的管理者始终都散发着自己的魅力，能够激发员工的工作热情，使员工团结一致地向前奋斗。同时，管理者的魅力不仅能够激发员工的工作热情，更能让员工在愉悦的氛围里开展工作。

那么，管理者的魅力有哪几种构成要素？

首先是优秀的品格，即管理者的道德品质和作风等。品格优秀的管理者通常都会有巨大的号召力和动员力，并且优秀的品格是管理者的魅力所在，可以帮助管理者赢得员工的尊敬，还可以引导员工的认同与模仿。

其次是过人的胆识。管理者的职责就是带领员工前进，过人的胆识、成功的决策是一名成功的管理者的必备要素，也是其魅力的来源之一。胆识过人的管理者更容易取得员工的信任，使员工对其产生依赖感。

最后是才能和资历。才能是指管理者的才智和工作能力，这是其魅力构成的主要因素。一个有才能的管理者能够给员工带来希望，赢得员工的敬佩，使员工自愿被影响。资历是任职时长和工作业绩的累积，员工对于资历深的管理者会产生敬重感和信任感。

总而言之，一个具有领导魅力的管理者，可以得到员工的信赖、敬佩和敬重，员工在其领导下，也会有被信赖、被激励的感觉，从而产生对团队的归属感。由于管理者的魅力，其决策会更让员工信服，其领导的团队氛围也会更加和谐，更加积极向上，从而推动团队的稳步发展。

领导魅力造就电商团队的高度，具有领导魅力的管理者的影响力和管理力会更加突出，可以吸引员工更好地跟随他的脚步，从而更好地实现团队的效益。

2.5 案例：电商团队吸引并留住人才的秘密

优秀的人才是电商团队发展的重要动力，电商团队要想获得更好的发展，就需要重视人才的作用，吸引更多人才进入电商团队并留住人才。杭州某电商团队就十分重视对人才的培养和管理，该团队也在这些人才的带领下不断向前发展。下面我们来分析该电商团队是如何做的。

（1）寻找人才

该电商团队在寻找人才方面十分注重人才的专业性，通过内部提拔和外部引进两种策略寻找人才。首先，当电商团队内的职位出现空缺时，电商团队首先会通过内部提拔的方式选拔人才。在选拔人才时，电商团队并不关注人才的资历，而是以工作能力、技能专业性等选拔人才，这使得工作能力强、专业技能突出的年轻人能够脱颖而出。其次，电商团队可以通过外部引进的方式不断吸收人才。在引进人才时，电商团队也会对人才进行严格的考核。

（2）留住人才

在找到人才之后，电商团队也做了多方面的努力来留住人才，以便让人才创造更大价值。

① 打造团队文化。电商团队十分重视对团队文化的打造，并通过不断地讲解团队发展愿景、团队管理制度、团队坚持的价值观等宣传团队文化，同时会定期举办各种团建活动，以此增加人才对电商团队的认同感和归属感。

② 打造利益共同体。为了留住人才，电商团队的管理者将部分重要人才变为了自己的合伙人，即除了为人才提供较高的薪酬外，还会将电商团队年营收的一定比例作为奖励为这些人才发放奖金。电商团队营收越高，人才获得的奖励也就越多。将人才与电商团队打造成利益共同体

能够促使人才为了电商团队的发展而不断奋斗。

（3）塑造人才

留住人才之后，该电商团队也注重对人才的塑造，以便激发人才的潜能，发挥人才的价值。在塑造人才方面，电商团队做到了以下两个方面。

① 将培养落到实处。为了将对人才的培养落到实处，电商团队投入了大量成本，并建立了完善的人才培养体系，以此不断提升人才的执行力、创造力。

② 组织结构扁平化。该电商团队采取了扁平化的组织结构，这有利于提高人才培养的效率，同时，工作流程的精简也会提高人才的工作效率，使其能够在大量的实践中不断提升自己。

该电商团队的成功离不开人才管理的成功，其在人才管理方面的举措值得其他电商团队学习。电商团队不仅要找到适合自己的人才，还要以团队文化、合理的薪酬体系等留住人才，此外还要重视对人才的培养，以发挥人才的更大潜能。

团队建设——
制定科学合理的组织架构

制定科学合理的组织架构是保证电商团队顺利运作的关键，否则很可能出现内部分工不明确、职责不统一、相互推诿等情况。在电商团队，每一个组成要素的作用都是不可替代的，科学的组织架构不仅能够保证员工的专业化，还可以大大提高员工整体的工作效率。

科学合理的组织架构主要包括运营、文案、美工、客服、推广、数据管理、物流等。只有当每个小组各司其职时，电商团队才能充分发挥作用，各项工作和业务才可以顺利开展。

3.1 运营：把握全局，综合统筹

任何一个电商团队都会注重对其运营组的打造，因为该小组是保证运作的"大脑"。运营组的职责是对团队内部资源的整合、计划、组织，并跟进相关运营事务，进而把握全局，综合统筹，引导工作方向。

作为电商团队的"大脑"，运营组的工作涉及很多方面，不仅需要对产品和网店进行合理安排，还要与各小组协作，确保各环节顺利运作。一般来说，运营组的工作主要包括以下几项。

（1）内容填充

运营组负责电商团队官网的内容建设、组织和运营，以及制定运营制度与流程，设计月、季、年的战略目标与执行方案。以官网的内容建设来说，运营组的工作是整体且细致的，如规定官网中各版块图片的位置、尺寸、样式等。

（2）产品填充

运营组需要提出产品的更新计划，对于市场调研、新产品上线、波段经营、尾货及季末销售等环节也要制订详细的计划并实施，对于产品上架的计划、图片拍摄等细节更要做好规划。同时，运营组要做好对产品销售情况的预估，并以此制定可控的库存管理方案。此外，运营组要对网店的客户分类管理，形成集会员积分、会员等级、会员维护、会员卡券等于一体的会员体系，并定期举行线上会员活动等。

（3）站内优化

运营组要跟上时代的脚步，勇于使用可以提升线上客户体验的新技术，不断优化网店页面及交互功能，定期优化官网效果，以提高客户的使用体验。

（4）促销活动

运营组需要组织各种促销活动来增加销售量，例如，组织满减或加价购等经典促销活动、限时购或团购等新型促销活动。如果利用电商平台进行销售，运营组也要关注各大购物节，并与之配合开展促销活动。

运营组还需要关注市场和行业动向，收集有关信息，分析竞争对手的促销活动，并结合自身优势提出有效的应对方案。

（5）渠道拓展

运营组的主要职责还包括渠道拓展，即积极开展与其他网店的良性合作。例如，运营组可以通过分销、联营、线上直营等方式与影响力较大的网店洽谈业务，探求如何获取更低服务费的合作机会。

（6）物流配送

运营组需要与物流公司洽谈以确定合作事宜，打造高效率的物流配送体系。此外，运营组需要在订单受理、财务确认、库房打包、配送发货、物流跟踪、客户验收、客户回访等环节与各相关小组紧密协作，结合客服的反馈信息，不断优化订购处理流程，注重客户的购物体验，对订单受理时效等进行优化。

运营组的工作重点就是把握全局，综合统筹，以敏锐的目光分析市场及电商团队的发展，并以此为基础制定合理的制度和发展规划。在执行过程中，运营组需要随时与其他小组沟通，协助其工作，还要定期进行各种工作的汇总和市场调研，为团队下一步发展奠定坚实的基础。

3.2 文案：
掌握文字魅力，打造产品卖点

文案组通过文字描述内容，让客户感知产品。这也是丰富和细化产品的过程。丰富而又细化的文案内容能让客户更好地感知产品特点，有利于提高产品转化率。

文案组工作可以细分为三个环节：内容定位、抽取内容风格和实际运用，各环节均有不同的侧重点。

（1）内容定位

文案组需要对内容进行定位，保证所有内容都具有共同特点。以淘宝头条为例，其定位是"消费生活资讯媒体"，具体包括三方面内容：消费、生活、媒体。如果仔细分析，就会发现这些内容具有鲜明的特点。

例如，淘宝头条中关于消费的内容一般呈现的特点是时尚、新潮、前卫等；而关于生活的内容则呈现出休闲、娱乐等特点，包含各种热点事件和新词汇。关于媒体的内容则具有个性、主流、权威等特点。

由此可见，文案组在为网店或者产品设计文案时，一定要做好内容定位。文案组也可以借鉴淘宝头条，设计出不同的定位和特点，更有针对性地吸引目标客户。

（2）抽取内容风格

做好内容定位后，文案组还需要在归纳内容特点的基础上抽取内容风格。风格是多样的，装修有欧式风格、中式风格、田园风格等；服装有淑女风格、运动风格、复古风格、森女风格、型男风格等。客户在购物时会思考自己想要的风格。

风格对客户的消费行为起着导向作用，这些风格通常是人为打造出来的。文案组可以巧妙地运用风格的导向作用，通过内容定位得出内容特点，进而在这些特点中抽取内容风格。

同时，风格也对内容的呈现方式起到指导作用。例如，某电商公司的文案组从内容特点中抽取了森女风格，接下来设计的文案一定是非常接近大自然的，客户能从中感受到鸟语花香。这种切合客户需求的文案，往往转化效率也比较高。

（3）实际运用

任何理论层面的归纳都是为实际运用准备的。文案组要将抽取的风格呈现给客户，这是文案工作中的一个重要环节。抽取的风格能否较为准确地传递给客户，在很大程度上决定文案能否吸引客户。通常情况下，文案组可以从三个方面发力：品牌、样式、排版。

很多客户在消费时喜欢追求品牌。品牌的质量是吸引客户的一个方面，同时，品牌往往代表一种风格，客户追求品牌也是在追求一种风格。例如，客户在购买家具的过程中选择了全友家具，可能就是因为其简约、时尚的设计风格。

样式是风格最为直观的体现。例如，淑女风格的衣服在样式上的特点就是塑身、收腰，更能体现出客户的温柔、优雅。所以在为淑女风格的衣服设计文案时，就必须体现其在样式上的特点和优势。

排版是为了突出风格，在这方面，文案组可以使用不同的字体、不同的字体颜色、不同的图文顺序以及不同的节奏感来强化风格的意味。

文案组按照以上三个环节设计产品文案，能够突出产品卖点，使文案更具吸引力，从而提高产品销量，提高电商团队的收益。

3.3 美工：
设计宣传页面＋装修网店

美工组所负责的前期准备工作包括两类：设计宣传页面、装修网店。

首先来看设计宣传页面，这项工作需要考虑很多因素，例如，色调氛围和布局排版。好的氛围可以满足客户对美感和情感的追求，这里最主要的一点是色调。色调丰富了客户的精神世界，同时，色调是多样的，不同的色调有着不同的性质，显示出不同的特点，营造的氛围也各不相同。例如，在各大平台购物节活动期间，许多网店都会设计大红色调的宣传页面，以突出开展活动的喜庆氛围；在春季服装上新时，为了迎合"春"这一元素，许多网店都会设计以绿色调为主的宣传页面。

客户购买产品的目的是使用。一般来说，应季产品的销售量要比其他产品更高。美工组可以抓住客户的这个心理，在设计宣传页面时选择一些比较应季的色彩，并加入一些季节性元素。这样可以拉近与客户的距离，提高网店的转化率。

一些网店具有较高的知名度，很多客户都是冲着名声来购买产品的，这时美工组就应该综合考虑设计宣传页面的影响因素。例如，美工组可以以品牌为主设计宣传页面的内容，并辅以其他元素，这样可以打造出一条独特的风景线。

设计宣传页面的最终目标是销售更多的产品，所以美工组要尽可能多地展示产品，尤其是网店主打产品。图片的设计和文字的排版也非常重要，直接关系到网店的流量，所以美工组应该斟酌图片与文字的排版。

此外，网店装修也是美工工作的主要内容。在上传即将上架的产品之后，美工组就可以对网店进行装修，包括电脑端网店装修与移动端网店装修。下面以淘宝网店装修为例进行详细说明。

电脑端网店装修首先要进入淘宝的产品发布界面，点击网页编辑器工具栏中的"编辑源文件"；然后"全选"网站模板代码，将其复制到记事本中；接着复制记事本中的代码到"编辑源文件"的编辑框内，点击

"使用编辑器"就可以看到模板大概的样子；最后就是上传产品图片，只要图片大小不超出淘宝规定的范围即可。图片上传成功后，就可以在图片上点击右键属性，复制图片的地址。在插入图片时，只需要把图片的地址粘贴到特定的区域即可。

对于产品描述的编辑，美工组可以直接写入或者在记事本中写好，用时直接复制粘贴即可，还可以利用编辑器工具栏中的文字工具编辑文字的大小、颜色等。

近几年，随着各类购物APP的火热，移动端购物已经成为主流。因此，电商团队必须关注并装修移动端网店。做好这项工作，不仅能让客户随时随地购物，还能够改善客户在手机上浏览产品的体验。

美工组可以根据自身情况和购物APP的规则对移动端网店进行装修与调整。移动端网店装修首先要进入淘宝后台店铺装修页面，选择手机端装修。在点击界面中的"手淘首页"选项后，美工组要做的就是选择手机端店铺装修的模板，有免费模板与付费模板两种，美工组可根据需求选择合适的模板。在选定模板之后即会进入新的界面。

新的界面中会显示店铺装修的四大板块：店招模块、宝贝排行榜、猜你喜欢、自定义模块。其中，"猜你喜欢"板块不需要美工组编辑，淘宝会根据一定的算法规则推荐产品，其他板块都需要美工组自行编辑。在编辑板块时，美工组要选择店铺主推的产品或店铺新上产品，选择能够体现店铺特色的产品，这样才能够更好地实现引流。

如今的消费者越来越追求个性，网店想要运营下去必须有个性。因此，如何装修网店才能充分表达个性，是美工组必须要思考的问题。网店装修是细致工作，美工组还要分析与客户相关的各个因素，换位思考，合理设计。

在设计宣传页面和装修网店时，美工组不仅要考虑整体的美观，还要考虑实用性以及风格的搭配、产品的特点、活动的安排等一系列因素。在此基础上对宣传页面和网店优化，才可以得到更好的优化效果。

3.4 客服：售前＋售中＋售后

客服组的主要工作是为客户提供解答和售后等服务，该小组的分工非常细致。例如，有通过聊天工具、电话等解答客户问题的客服，有专门帮助客户挑选合适产品的客服，有专门负责处理客户投诉的客服，还有负责退换货相关事宜的客服等。客服的工作流程如图3-1所示。

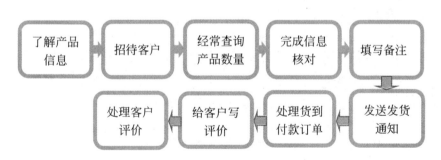

图3-1　客服的工作流程

（1）了解产品信息

客户咨询的大多数问题都与产品有关，如果客服不了解产品，就无法为客户提供服务。因此，客服首先要做的就是熟悉产品。客服作为连接网店和客户的桥梁，工作必须稳扎稳打，不能出错。客服要熟悉产品的特点、功能、注意事项等，这样才能顺畅解答客户提出的关于产品的各种问题。

（2）招待客户

客服招待客户有两种方式，一种是利用阿里旺旺等即时通信工具和客户沟通，另一种是通过电话与客户沟通。如果是接听客户的电话，客服需要具有更强的灵活性和变通性，因为电话沟通没有足够的时间让客服思考。

（3）经常查询产品数量

有时候，客服会在接待客户的过程中发现客户需要的某款产品已经没有库存了，这就会导致订单损失或者延迟发货等情况，最终影响口碑。因此，客服应该经常查询产品数量，看实际库存是否充足。

如果发现库存不足，客服要及时补货，而不是等到库存为零时再补货。此外，因为页面上的库存和实际库存是有出入的，客服需要到网店管家中查看产品的实际库存，这样才不会出现缺货发不了的情况。

（4）完成信息核对

一些客户可能会有几个收件地址，为了保证客户收件信息的准确性，在客户付款之后，客服需要与客户核对收件信息。这一做法不仅可以降低网店的损失，还可以让客户感受贴心服务。

在核对信息的同时，客服还要向客户表明网店支持的快递公司有哪些，可以让客户自己选择。如果客户没有明确表示，再通过默认的快递公司将产品发出去。

（5）填写备注

如果订单信息正确无误，而且没有在备注中做特别说明，客服就可以省去这一部分工作。如果订单信息发生变动，客服有责任和义务将变动反馈出来。这样，负责后续工作的客服才能知道订单信息有变，从而采取相应措施。

（6）发送发货通知

很多客户在网购过程中都非常关注物流问题。如果在产品发出去之后，客服用阿里旺旺或者短信给客户发条信息，告诉客户产品已经发出，就可以增加客户对网店的好感。对于下单但还未付款的客户，客服可以通过阿里旺旺告诉客户，马上就要到截单时间了，如果现在付款当天就可以发货。

对于客户来说，下单未付款有三种情况：一是忘记了；二是一时冲动拍下，但没打算购买；三是重复下单。针对第一种情况，客服可以催单；针对后两种情况，客服可以手动关闭订单。

（7）处理货到付款订单

一般来说，用支付宝或者蚂蚁花呗付款比货到付款便宜一些。但是很多客户没有注意这一问题，在购物时选择了货到付款。这种情况下，客户收到产品时，发现需要支付的价格比网店上标明的要高，就很可能认为自己受到了欺骗，而选择拒收。

如果仅仅是拒收那还没有什么问题，毕竟网店只需要多支付一些快递费用就好。但如果客户认定自己受到了欺骗，那么网店的信誉和形象就会受损。因此，客服在看到货到付款的订单后需要立即联系客户，告知其货到付款的具体情况。如果客户依然选择货到付款，就可以继续后续工作，否则就需要让客户重新下单。

某淘宝网店的一个客服因为这项工作没有做好，导致很多货到付款的订单被客户拒收。最后，网店管理者要求，一旦出现货到付款的订单，客服就必须向客户打电话确认。在这种情况下，虽然通信方面的支出增加了一些，但是可以维护网店的信誉和形象。

（8）给客户写评价

在交易结束之后，客服需要给客户写评价。在评价客户的过程中，客服可以适当推荐网店，这相当于是在给网店做一次免费的广告。

（9）处理客户评价

对于客户的好评，客服需要表示感谢。例如，某客户评价说："衣服确实不错，款式很好，很暖和，值得好评。买之前还犹豫不决，担心显得太臃肿，穿上后发现很修身。"在这种情况下，客服可以给予回复并表示感谢："亲爱的顾客，感谢您。我们付出真心，追求卓越！我们很荣幸可以与您一路同行，您的满意是我们永恒的追求！期待与您再次相遇，祝您生活愉快，万事如意！"

对于客户的中评，客服需要表示歉意。经营过程中收到中评很常见，客服不必对此抱怨泄气，要解决问题，争取让客户更改评价。客户给中评一般有三种情况：一是客户收到产品后发现不如自己想象中好或者有色差；二是产品质量有问题但是不愿意与客服联系；三是客户故意找碴，想要谋取利益。对于前两种情况，客服应当与客户积极沟通，争取得到客户的理解；对于第三种情况，客服需要截图保存，以便后期申诉，避免吃亏上当。

对于客户的差评，客服需要保持友好态度，耐心解决客户的问题。客户之所以给出差评，一般都是因为产品出现重大问题，包括产品在物流过程中出现损坏、产品质量差、与描述完全不符等。对此，客服除了保持友好态度以外，还应该针对客户的问题给出解决方案，最大限度地让客户满意。

例如，某客户给了网店这样的差评："衣服料子很薄，一刮就坏；做工不精致，有线头，还有开线出绒的地方。"于是，网店的客服回复说："非常遗憾衣服没有让您满意，您可以选择退货或者换货，费用我们出。如果还有任何疑问欢迎联系在线客服，很乐意为您服务。"

在经营过程中，客服与客户的沟通是非常重要的，提升客服的服务水平是促进网店发展的要点之一。只有客服提供的服务让客户满意，网店的生意才能蒸蒸日上。因此，管理者要加强对客服的管理，定期或不定期地为其安排培训。

3.5 推广：
直通车＋营销活动

顾名思义，推广组负责的是推广工作，主要包括直通车和各类营销活动。淘宝推出的直通车是电商团队奋力竞争的目标，电商团队也不吝惜为此投入大量资源。受消费升级的影响，客户的需求开始走向多元化和独特化，仅仅吃好穿好已经不符合新时代客户的期望。引入国际大牌，设计出独一无二的产品已经成为当下的主题，所以推广组在直通车方面的首要任务就是选择产品。

推广组在选择产品时可以关注一些在市场上接受度比较高的、流量价值处于领先地位的产品。还有一个很重要的硬性条件，就是选择的产品库存一定要充足，避免出现断货等情况。最后就是选择的产品要具有良好的发展趋势。在这点上，推广组可以参考预热时期的收藏数，或者向客户做个问卷调查，来预测产品的市场前景。

推广组在利用直通车对产品进行预热，设定关键词和类目词时，要尽量把它们分开，这样可以有效控制产品的流量和流量的质量，从而为之后的统计工作提供较为清晰的数据。关于产品的宣传，推广组需要把产品的关键词全部设为品牌的相关词，这样能最大限度地利用品牌知名度使产品得到曝光，增加客户对产品的认可，进而打造出爆款产品。

作为公认的"烧钱"推广方式，直通车的花费无疑是很高的，所以推广组在选择时一定要考虑自身情况。在使用直通车时，推广组也要提前准备好产品和一些相关资料，以便做到有备无患。

除了直通车以外，参与淘宝组织的营销活动也是宣传网店的有效手段，如"新势力周""38女王节""双11""618购物节"等。但是很多时候，推广组不知道自己要为营销活动准备什么，经常因为准备不充分或不全面而失去机会。所以推广组要先了解营销活动，准备好参与营销活动所需要的所有东西。其中最主要的是明确淘宝的规则。

① 网店如果违反规则，且在处罚期内或未通过考试，将无法参与营

销活动。因此，推广组必须提前确定网店自身是否处于处罚期，若不处于，即可参与营销活动。

② 网店要想做营销活动，那么DSR（卖家服务评级系统）评分及售后服务综合指标需要达到自身所属主营一级类目的要求。

③ 网店的综合排名较低时，不可以报名参与淘宝组织的营销活动。关于这项规则，推广组要做的就是使网店的综合排名提升上去。无论是对参加大型营销活动还是对网店自身的长远打算，这都是有益的事情。

④ 网店的报名经过淘宝审核并通过以后，也有可能出现变数，例如，如果淘宝在营销活动前或营销活动中发现网店在交易、维权等环节存在异常，将中止或终止该网店继续参与营销活动。

⑤ 为确保客户在营销活动中享受到切实的优惠，参与营销活动的网店应该向客户提供更具竞争力的价格，不得对客户有价格欺诈行为。因此，推广组需要反复核实产品的价格，如果出现问题，必须在第一时间调整好。

上述是淘宝的规则，其他电商平台也基本上大同小异。所以无论报名参与哪个电商平台的营销活动，推广组都必须做好一切准备工作，尤其是提前把网店的各项指标提升上去，及时追踪网店的综合排名。

3.6 数据管理：为调整运营方案搜集数据

在电商团队的建设中，做好数据相关工作是十分重要的，因为电商团队的很多业务都需要数据支持，例如，营销人员需要通过数据采集和分析来实现产品的精准推荐。因此，一个科学合理的组织架构中应该包括数据管理组。

在进行数据相关工作时，数据管理组必须要注意到，虽然数据越细越好，越多越好，但是在面对这些纷繁复杂的数据时难免会眼花缭乱。这就需要数据管理组抓住以下几个核心数据，在此基础上抽丝剥茧，以便节省很多时间和精力。

① 流量。网店的流量如同汽车的汽油，汽车没了汽油不能开，网店没了流量自然也无法运转。数据管理组必须时刻监控网店的流量。

② 访问深度。在商场中，每个电梯口都有相应的指示牌，每个楼层销售什么都会有标注，同时一楼还会有导购图。网店也是一样，客户进来看到相应的引导和推荐也会更有消费欲望。在引导客户选择产品方面，数据管理组需要设置好客户选择产品的流程，流程中的环节不宜过多，例如"女装→春季女装→春季裙装→特定一款春季裙装"，客户通过清晰的指引能够找到自己需要的产品。精简的引导流程能够使客户快速浏览网店的优质产品，不会觉得烦琐。

③ 转化率。转化率是衡量电商团队运营能力的主要依据。网店设计、产品价格、流量规模、活动策划等都是影响转化率的因素，数据管理组可以参考所在行业的平均转化率来判断自身团队的转化率是否合理。

④ 销售额。销售额对于电商团队的重要性是显而易见的，数据管理组需要及时追踪和更新这项数据，以便为其他组的工作提供便利。

⑤ 销售量。通过销售量，数据管理组可以分析出哪些产品卖得好、哪些卖得不好，从而及时调货、补货、清仓。

⑥ 十大畅销款。对于十大畅销款，数据管理组每周、每月、每季都要统计，根据统计结果分析原因，总结经验，这是建立安全库存线的主要依据。

⑦ 十大滞销款。对于十大滞销款，数据管理组同样是每周、每月、每季都要统计，根据统计结果制定应对措施，例如，通过畅销款来带动滞销款、降价等。

⑧ 连带率。连带率可以检验客服的推销能力和关联销售的效果。

⑨ 客单价。通过客单价可以推断客户的消费承受能力，低于客单价的产品可以吸引客户，高于客单价的产品可以作为形象展示，提升网店的主体价值。

掌握以上九个核心数据，电商团队能够更准确把握运作的效益和各方面的发展状况，同时这些核心数据也为电商团队调整运营方案做出了指导。设立数据管理组，让其对一些重要的数据进行采集和分析，电商团队才会做出最适应市场形势和自身发展的科学决策。

3.7 物流：
当天下单＋当天发货

完善的物流能够提高电商团队的工作效率，提升电商团队的服务质量。成熟的电商团队通常都会设立物流组，该小组会在接到客户订单以后把产品发送出去。一般来讲，物流组从接到订单开始，有最晚72小时发货的期限。

如果想要获得更高的物流转化率，物流组就需要对发货时间有更高追求，即当天下单，当天发货。对于电商团队来说，物流组的发货越及时，客户的好感度和满意度就会越高。下面通过一个案例来看一下发货及时产生的有利影响。

"双11"期间，在众多优惠活动的刺激下，客户的购物热情空前高涨，因此，很多网店都会面临波涛般的流量高峰和订单高峰，这也使物流组不得不面临巨大的挑战。小王是某网店的物流组组长，为了应对挑战，他进行了周密部署，通过与申通、圆通、韵达、中通等众多物流联手，在"双11"期间实现即时滚动发货，确保客户及时收货。

事实证明，在小王的带领下，该网店的物流速度高于电商行业的整体水平。"双11"这天，上海的郭女士在该网店购买了三件衣服，下单之后的第二天就收到了。于是，郭女士向客服反映："你们的物流真的太给力了，'双11'期间还可以这么快收到货，这简直是给了我一个大大的惊喜呀！"

看到物流如此迅速，郭女士对网店的信任感顿时上升了许多。她决定，下次再购买衣服时，肯定会先考虑到这家网店上看看。在"双11"期间，该网店的订单实现了同比增长3倍的奇迹，这与王鹏和整个物流组的努力有很大关系。

通过上面的案例可以看出，物流组的工作如果到位，会促进产品的销售和网店的发展。对于一些对产品有迫切需求，想要尽快拿到产品的客户来说，高效的物流十分重要。为了实现高效的物流，物流组应该抢占物流空转期，与靠谱的快递公司广泛合作。如果条件允许，物流组还可以增加发货人员，以确保当天的订单当天发货。

另外，电商中还存在延迟发货的情况，以淘宝为例，其对延迟发货有相关的规定。如果电商团队延迟发货，一次扣1分（30天内累计扣分不超过6分），情节严重的还会导致产品下架。同时，电商团队还要向客户赔付实际成交金额30%的红包，单笔赔付最低不少于5元。由此可见，无论是为了避免损失，还是为了获得客户的青睐和信任，电商团队的管理者都应该对物流组进行严格管理，确保及时发货。

还有一种行为是虚假发货，即先点击发货选项，而实际上并没有真正发货。这种虚假发货的行为也会违反规定，严重的话甚至会失去客户的信任。因此，物流组一定要注意，不到万不得已，不要虚假发货。即使要虚假发货，也要提前和客户说明情况，求得客户谅解。

电商团队除了设立物流组以外，让各大电商平台提供代运营服务也是不错的选择，例如和京东合作。具体的合作模式是双方签订合同，电商平台向网店收取基础费用和提成费用。

在提供代运营服务时，电商平台会根据网店的实际情况，采取不同的手段使网店健康运转，并不断壮大。如果是有一定经济实力的网店，就可以采取这种模式。因为电商平台往往都有优质的物流服务，所以网店可以充分利用这些便利，轻轻松松赚钱。不过，网店还是要为此付出相应的成本。

3.8 案例：麦包包的组织架构

麦包包是主打箱包产品的公司，得益于互联网的普及和电商环境的成熟，获得了迅猛发展。凭借丰富的产品线、时尚的设计风格、极高的性价比，麦包包可以满足现代都市女性的个性化需求，为她们提供丰富的选择。

时至今日，麦包包的销售业务遍及国内广东、上海、浙江等地，海外有日本、意大利等国家，并且已经成为一个具有较强影响力和竞争力的电商平台。而麦包包取得这样的成绩，与其对组织架构的调整密切相关。

麦包包是如何调整组织架构的？具体可以从以下几个方面说明。

（1）从仅销售自有品牌到对外开放

麦包包从仅销售自有品牌转变为对外开放。在转变的过程中，麦包包注重品牌招商和网站建设以及各部门的协同工作。现在，入驻麦包包的品牌种类很多，包括各种高端品牌、平价品牌，以及在国外十分受欢迎的品牌等。

经过不断沉淀，麦包包平台化的布局和组织架构日趋完善。与其他平台不同的是，麦包包没有给入驻的品牌太多的自主权。这就意味着，入驻麦包包的所有品牌都是平等的，都必须用销量和转化率说话，只有这样才可以获得更多资源。

（2）改变运营思路

麦包包改变了运营思路，认为此前垂直电商的运营思路会束缚团队的思维和行动。一个平台的价值不在于是不是垂直电商，而要看给客户带来什么价值。麦包包定位是为客户提供优质箱包产品的精选商城，不再采用垂直电商的运营思路，取得了意想不到的结果。

例如，麦包包此前为了吸引更多的流量，必须考虑垂直品类如何投放。转变运营思路之后，麦包包考虑的内容就变为客户在哪里，客户需要什么。麦包包运营思路的转变带来了非常可观的效果，大大提高了流量的转化率。

（3）组建业务部

在调整组织架构之后，麦包包组建了产品和官网两大业务部。其中，产品业务部负责产品的销售和品牌的招商与打造；官网业务部则负责官网的运营和维护，以确保官网不再只是销售通路，而是可以发挥更大的作用。

（4）精简自有品牌

麦包包对自有品牌进行了研究和调整，在自有品牌的管理模式方面，麦包包坚持责任到部门，甚至责任到人。对于产品是否上新、需不需要补货等问题，也必须以业绩、销售情况为依据。在调整之后，麦包包的部门和员工比之前更有压力，产品的质量有了很大提升，退货率也比之前降低了很多。

（5）独特的客服体系

麦包包有独特的客服体系，客服以客户为中心，吸引客户多光顾，多浏览，多购买。同时，客服对客户实行标签化管理，即根据属性把客户分成不同的小组，有针对性地管理。

麦包包对组织架构进行调整，改变运营思路，扩大合作渠道，摆脱了边缘化，这种做法为其他电商团队提供了成功的经验。在向前发展的过程中，电商团队需要根据时代的要求调整自己的组织架构，确保走在前列，不被淘汰。

第4章

培训体系——
为电商团队打造强大
"内驱力"

通过培训在团队内部选拔人才是电商团队招揽人才的主要来源，培训体系能够为电商团队打造强大的"内驱力"，合理利用培训体系可以有效推动电商团队的快速发展。管理者在对员工进行培训时需要注意什么？管理者要建立完整的培训体系，在培训的过程中，管理者要对不同层次的员工进行有针对性的培训，同时需要注意培训模式的多样化，力求发挥培训体系的巨大作用，为电商团队培养人才。

4.1 建立培训体系：
全面＋多层次

管理者在对员工进行培训时，要针对不同的员工设置不同的培训内容，建立全面、多层次的培训体系。培训层次主要分为三种：入门性培训、适应性培训、提高性培训。

入门性培训主要针对新员工，以便帮助新员工了解团队的目标和宗旨，适应团队的要求，并使员工对团队产生信任感和归属感。一般情况下，新员工对于陌生的团队、陌生的同事以及陌生的工作岗位都难以快速接受，而入门性培训能够帮助新员工更好地胜任岗位。入门性培训需要做到以下四步。

第一步是让新员工融入团队中。管理者可以设计一些入职指引程序，让新员工熟悉工作环境及团队文化。第二步是安排其他员工指导新员工开展工作，通过入职培训，新员工能掌握岗位职责及工作内容。第三步是要求新员工能够独立完成工作。在新员工了解工作内容及工作职责后，管理者需要为新员工安排合适的实践机会，通过反复训练保证新员工能够独立操作。第四步是安排其他员工对新员工的工作进行检验，及时发现新员工的不足之处并指导其改正，确保新员工能够更好地完成工作。

在对新员工进行入门培训的过程中，管理者需要让员工了解岗位职责与工作技巧，了解岗位的性质和特点，从而更加顺利地融入自己的岗位中。

适应性培训能有效降低员工流失率，帮助员工快速提高绩效，降低团队成本，提高员工的满意度、敬业度和归属感。适应性培训针对的是岗位适应性较差的员工，培训的目的是提高员工的工作能力，使其能够达到统一的业务标准、技能熟练度等。

适应性培训以技能培训为主，管理者需要为员工制定完善的技能培训方案，通过工作技能的传授、工作技能的不断训练提升员工的工作能力。为了更好地促进员工的进步，管理者有必要对员工的工作进行分析，找出存在的问题，在解决问题的同时对员工进行技能培训，使员工更快进步。

为了确保员工能够领会和掌握适应性培训的内容，管理者需要对员工进行跟踪调查。在跟踪调查时，管理者需要通过员工的工作表现分析培训的效果，在发现员工的工作依然存在问题时，管理者需要及时指出并帮助解决。

提高性培训是在入门性培训和适用性培训的基础上进行的，目的是提高员工的工作能力，进而提高工作效率。提高性培训强调的是对员工工作能力的进一步提升，即使员工能够胜任当前的工作，管理者也需要通过提高性培训来进一步提高员工的工作效率，进而提升整个电商团队的效率。

在进行提高性培训时，管理者需要以先进的技术及各种工作技巧作为培训的主要内容，帮助员工改进工作方法及流程。同时，电商团队的高效运作离不开员工的协作，因此，管理者也要着重培养员工的协作能力，保证电商团队运营流程的高效顺畅。

管理者需要建立完善的培训体系，通过以上三个层次的培训逐步提高员工的工作能力，提高员工的工作效率。这样分层次的培训也能够帮助员工循序渐进地成长，使其逐步融入电商团队。

4.2 新员工培训：掌握电商流程

为了电商团队能更好地发展，管理者需要招聘新员工，不时为团队引入新鲜血液。同时，为了让新员工更好地融入电商团队，对新员工进行培训是必不可少的。那么，管理者该如何对新员工进行培训？管理者必须要明确对新员工进行培训的目的。

一般来说，电商团队对新员工的培训主要有三个目的。首先，让新员工了解团队的发展历程、业务、未来愿景等，让新员工了解电商团队的业务和发展前景；其次，让新员工了解团队文化和理念，感受到电商团队的精神力量，激起新员工斗志；最后，使新员工明确在工作时需要遵守的规则，了解在岗位上顺利开展工作的工作流程，帮助其适应岗位要求。

这其中，对于电商团队发展历程、业务及文化理念等方面的培训是比较容易的，让新员工了解团队的工作流程和内容是对新员工培训的重点。对于新员工来说，掌握电商流程是其工作前提。

电商团队的运作包括店铺设计、产品上传发布、推广、处理客户下单、物流配送和客户管理等，新员工必须掌握电商运作的整个流程，以便与其他部门协作。同时，新员工还要掌握本部门的工作流程，针对不同的问题要掌握不同的解决方法。以客服部门的售后为例，售后客服人员需要通过不同的方式来解决不同的问题。

售后客服人员的工作主要包括处理客户退货问题、处理产品的售后问题和快递查询三个方面。对于客户退货的产品，售后客服人员要了解原因和退款金额，待产品发回且验收后，再处理客户的退款事宜。

对于产品出现的售后问题，售后客服人员一定要了解情况，明确判断。对于产品的质量问题，售后客服人员需要请客户提供图片再对产品问题进行查证，并与客户协商解决。如客户要求折价，售后客服人员则可提出折价申报，待审核通过后退款给客户。如客户要求换货，售后客服人员则需提出换货申请，待客户发回产品后换货补发。如客户要求退货，售后客服人员则需提出退货申请，待审核通过，退货到库后退款给客户。对于客户要求的快递查件，售后客服人员可以利用网络或电话查询，再通知客户查询结果。

不只是售后客服人员，电商团队中任何员工的工作都要有详细的工作内容及工作流程。在对新员工进行培训时，管理者一定要注重对其工作内容及工作流程的培训，只有新员工的业务能力得到提高，电商团队的运作才会更加顺畅。

总而言之，在对新员工进行培训时，管理者要帮助新员工掌握电商团队运作的流程。这个流程包括两方面，一方面要让新员工了解整个电商团队的运作流程，以便与各部门合作、交流；另一方面要让新员工学习自己所在部门的工作流程，这是其日后可以顺利工作的关键。

4.3 老员工培训：服务标准化，提升电商形象

除了对新员工进行培训之外，对老员工进行培训也是十分必要的。相较于新员工，老员工的工作能力更强、业务能力也更加熟练，因此，在培训老员工时，管理者就不能依旧以提高员工的工作能力为出发点。在老员工的培训方面，管理者可以开展服务培训，形成标准化服务，以提高电商团队的形象。以客服人员为例，管理者可以将以下两点作为服务标准化培训的内容。

（1）回复及时化培训

当对产品产生购买欲望时，客户会想要马上购买产品，同时，客户对于产品的关注度和热情会随着时间的推移而逐渐降低。因此，当客户在购买欲望最强烈时联系客服人员，如果客服人员能够及时回复客户的问题，消除客户的疑惑，则极有可能促成客户下单。相反，如果客户长时间联系不上客服人员，那么对产品的疑惑就难以消除，在犹豫之中客户对产品的购买欲望就会随着时间的推移而减少，最终很有可能会放弃购买。此外，客服人员不及时回复，不仅影响产品的销售，还会影响客户对于电商团队的印象。

因此，管理者有必要对客服人员进行回复及时化培训，以便提升产品销量、提升团队形象。管理者可以从以下两个方面对客服人员进行培训。

① 随时在线，等待客户询问。客服人员需要做到随时在线，等待客户询问，并在客户提出问题后第一时间回复。客服人员悉心服务于客户，不仅可以促进产品销售，还会提高客户购物的满意度，提高其对于电商团队的好感。

② 制定统一的回复标准。针对客户提出的产品细节、价格、店铺活动、发货、物流、售后服务等方面的问题，管理者都需要为客服人员制定统一的回复标准。这样可以提高客服人员的工作效率，还可以提升客户的购物体验。

（2）服务态度培训

客服人员的服务态度是十分重要的，在客服人员良好服务态度的影响下，即使客户不是十分满意产品，也可能买下产品。在对同类产品的挑选中，客服人员的服务态度是影响客户选择的重要因素。

以下案例表明了在产品销售过程中，客服人员不同的服务态度所出现的不同结果。

案例一

客户："能不能再便宜些？"

客服："亲，小店的图书已经非常优惠啦。"

客户："哦。"

客服："这套儿童系列图书的纸质好，印刷质量高，这个价位已经很便宜了。"

客户："我再看看吧。"

客服："马上就是儿童节了，畅销书很可能会断货，所以您赶紧下单吧！"

客户："哦。"

客户最后没有下单。

案例二

客户："能不能再便宜些？"

客服："亲，如果您觉得价格还是不太满意的话，可以看看我们的儿童书套餐，也很不错的。"

随后发送淘宝链接。五分钟后——

客户："嗯，书确实不错，但我还是想买之前那一套，价格……"

客服："您对价格有什么要求？"

客户："主要是觉得有点儿贵，其他还可以。"

客服："那好吧，我已经了解您的意思了。有一个店铺的图书价格确实低，您可以考虑那边的。"（发送淘宝链接）

客户："谢谢你这么为我着想！我再比较一下吧。"

十分钟以后——

客户："那边的图书确实便宜，但好评率没有你家高，价格很重要，品质更重要。我就买你家的书了。"

客服："谢谢亲，您拍下后我们会第一时间为您安排发货。"

由上面的两个案例对比可以看出，好的服务态度是产品销售的基础，管理者要想提高产品的转化率，就需要重视客服人员的服务态度。在对员工进行培训时，管理者可以将服务态度作为培训的重点内容。

对客服人员进行服务标准化培训能够有效提高其工作效率和服务质量，实现产品的大量促销，完成产品的转化。在对电商团队中任何职位的老员工进行培训时，管理者都要以提升其服务水平为中心，保证其服务标准与工作态度，最终提升电商团队的整体形象。

4.4 不可取的培训模式："填鸭式"培训

某电商团队是这样进行员工培训的：员工齐聚会议室，市场部、渠道部、客服部的管理者都讲述了各部门的业务概况和操作流程，由于时间有限，培训在每个管理者讲完之后就匆匆结束了，员工与各管理者没有进行充分沟通。而这样的培训，员工从早到晚听了一整天。

以上就是"填鸭式"培训的典型案例，在当前的电商培训中，"填鸭式"培训屡见不鲜。"填鸭式"培训以课堂教学为主，缺乏实践锻炼、调查研究、案例分析等，培训方式陈旧，缺少吸引力和感染力，难以引起员工的兴趣。

激烈的市场竞争给电商团队带来了很大的竞争压力，时间紧，任务重，出于急于求成的心理，"填鸭式"培训受到了许多电商团队的青睐，然而，这种培训方式十分不可取。

首先，这种培训模式大大削减了员工学习的主动性，许多员工都是被强制学习的。这将产生两种结果：一方面员工容易产生逆反心理，更加反感培训的内容；另一方面，即使员工勉强接受培训，其学习的效率也会很低，员工付出的时间和回报无法成正比。无论哪种结果，培训的目的都无法达成。

其次，"填鸭式"培训的特点就是短时间内对员工灌输大量的知识，员工难以接受，培训也就失去了意义。即使员工在高强度的学习中生硬地记住了大量的信息，也难以灵活运用，理论与实践难以结合。

总之，"填鸭式"培训模式存在诸多弊端，并不是好方法。管理者切不可迫于压力或追求速度而使用，不然不仅费时费力，也难以取得很好的效果。

4.5 高效的培训模式：场景还原法

场景还原法就是通过还原事件场景，让员工能够从项目、客户、同事等多个维度来了解事情发展的前因后果。很多电商团队都是由老员工带新员工，新员工遇到问题就去请教老员工，这样的培训方式会导致两个人都比较忙。同时，老员工较为忙碌时，也有可能会忽视对新员工的指导。老员工带新员工的培训方式是存在缺陷的，而通过场景还原法对员工进行培训能够实现更好的效果。

管理者需要通过各种"活动流"来还原各种工作场景，让员工根据工作需要进入到相应的活动流中，如项目活动流、任务活动流、个人活动流和客户流动流等。例如，员工想要了解项目，就可以进入项目活动中了解项目的目标和资源，了解项目的进度和当前遇到的问题等信息。

场景还原法可以这样执行：当老员工将一个未完成的项目交接给新员工时，新员工可以通过梳理项目任务流深入了解项目。新员工可以通过项目任务流了解项目的进展、项目执行过程中的问题和解决办法等信息。通过梳理项目活动流，新员工可以对项目有更深入的了解，以便更顺利地开展项目。

活动流还具有沟通的及时性和可追溯性，因为活动流记录的不仅是项目或任务的结果，还包括项目或任务的整个过程。除了更好地开展工作之外，场景还原法还能够帮助员工积累知识，学习他人的工作经验，降低电商团队的培训成本。

4.6 人性化的培训模式：个别指导法

个别指导就是有针对性地对新员工进行一对一的指导，这种培训方法特别适合新技术和设施的普及推广，尤其是对于那些接受能力较差的新员工来说，一对一的个别指导更能够帮助其进步。一对一指导新员工工作能够在一定程度上消除新员工工作时的紧张感，帮助新员工尽快融入团队，同时，也能够帮助新员工迅速获得丰富的经验，避免多走弯路。

新员工的指导者往往是团队中的老员工，为了防止新员工对自身构成威胁，一些老员工在指导新员工的时候，可能会对自己的经验和技术有所保留，从而使培训流于形式。同时，老员工本身的水平也会对新员工造成很大的影响，不利于新员工在工作上进行创新。

一家主营纺织产品的电商团队一直采用个别指导法培训新员工，但由于没有完善的培训制度，出现了老员工不认真教、新员工不认真学的问题，导致培训工作流于形式。后来，电商团队对这种培训方式进行了改革。

新的培训制度规定新员工的指导者必须是团队中的优秀人才，在对新员工进行指导之前，管理者还对这些人才的专业素质和个人素质进行了考核，确保这些人才能够对新员工进行理论和实践上的指导。同时，新员工可以自由挑选自己的指导者，并且向指导者提出自己的目标要求，在年终的时候，如果指导者和新员工都能够达到团队要求，那么双方都会获得相应的物质奖励。

在此次改革中，管理者对于指导者的资格要求、辅导内容、考核办法、达标要求等都做了具体的规范，教不会新员工的指导者不能晋级，学不会技术的新员工很有可能被淘汰，这让双方都有了责任和压力，从而能够真正实现责任共担和利益共享，解决了个别指导法的弊端。

4.7 案例：如何开展电商培训

电商团队的竞争是人才的竞争，为了在竞争中占据优势，电商团队需要不断提高员工素质，打造高质量的电商团队。而在这方面，电商团队不断提高培训能力，不断对员工进行培训是十分重要的。在员工培训方面，某主营服装销售的电商团队就做出了良好范例。

该电商团队于京东商城开设了网店，员工培训的内容与网店经营密切相关。电商团队下设运营部门、美工部门、客服部门与仓储部门，在对员工进行培训时，电商团队对不同部门的新员工与老员工进行了有针对性的培训。

（1）新员工培训

在培训方面，该电商团队为新员工设计了两方面课程：通用课程和部门课程。通用课程包括两方面：一方面，为新员工讲解团队文化、团队管理职位基础知识、业务基础知识等，以便让新员工了解团队文化，帮助新员工融入团队；另一方面，为新员工讲解职业素养、职业目标、职业规划、职业技能及部门协作等知识，以便让新员工了解自己的职责，更好地开展工作。

除了通用课程外，部门都有各自的课程。部门课程主要是讲授本部门的职责、工作流程、工作技能等，让新员工明确自己的工作任务及工作职责。除了详细讲解工作流程及工作方法外，各部门还在课程中设置了重点内容，例如，运营部门会讲述网店宣传推广的各种方式；美工部门在讲述网店页面设计时，会重点讲述如何根据产品品类设计不同风格的网店页面；客服部门除了讲述售前、售后的各种客户服务外，还会重点讲述客户管理的内容；仓储部门则会重点讲述货物清点、打包发货过程中的注意要点。

通过这两方面的培训，该电商团队的新员工都能够快速融入团队，明确自身工作职责，更好地开展工作。

（2）老员工培训

老员工培训也是该电商团队开展培训工作的重要内容。在这方面，该电商团队主要对老员工进行三方面的培训。

① 工作技能培训。电商团队对老员工的工作技能进行培训，以便进一步提高老员工的工作能力及工作效率。在这方面，除了结合行业变化趋势讲解新的工作方法外，电商团队还会为老员工讲解诸多经典案例，分析老员工的工作，寻找其疏漏之处并提出解决方案。

② 职业素养培训。除了工作能力外，对老员工的职业素养培训也十分重要。该电商团队对老员工的工作态度、行为进行引导和培训，以此提升员工的职业素养，提升员工的敬业度和对团队的忠诚度。

③ 职业生涯培训。有效的激励能够更好地留存老员工，发挥老员工更大的价值，因此，对老员工进行职业生涯培训是有必要的。该电商团队就对老员工进行了职业生涯培训，为老员工详细讲解了其在公司的发展规划，并为其制定了明确的晋升流程。

总之，电商团队在开展培训时应针对不同的培训主体设置不同的培训内容，有针对性的培训内容才能够充分发挥培训的效果。员工培训不仅能够满足员工自身发展的需要，还能够提升电商团队的竞争力和效益。

制定制度——
制度是团队管理的一把标尺

没有规矩不成方圆，没有制度也无法约束员工。电商团队在建立初期，可能更多的是依靠管理者的魅力。但是当团队发展到几十人，甚至上百人的时候，管理就必须依靠制度了。只有完善的制度才能更好地约束员工，电商团队才可以进行更好的管理。

该如何制定电商团队的制度呢？管理者必须了解制定制度需要注意的要点，在制度制定后，管理者还要保证制度的严格执行，并在执行中不断完善。

5.1 制度制定
的两个要点

首先，要保证制度的公平性，以公平的制度激发员工工作的积极性，从而提高团队效率。如何保证制度是公平的？

第一，制度必须清晰、明确。如果制度不清晰，相同的工作可能会得到不同的回报，这对员工是不公平的。第二，管理者要不断完善各项制度，保证制度能够覆盖全体员工。例如，管理者制定了电商团队的激励制度，可以先在某一部门中试行，但最终要推广到所有部门中，这样才能保证公平。

许多管理者十分重视制度的制定，但其制定的制度并不能推动电商团队的发展。原因在于制度与团队现状不符，以致制度运作失控。制度只有符合发展现状才能产生更好的效果。

在制定制度前，首先，管理者要对电商团队的发展现状进行调查，找到团队需要调整的地方。其次，管理者要与各部门充分沟通，了解各部门的意见和建议，在此基础上制定更为合理的制度。

例如，某电商团队在近几年的发展中不断壮大，团队中的岗位规划越来越完善，员工也在不断增加。为了更好地管理员工，该团队管理者准备建立一套薪酬激励制度，以鼓励员工积极工作。而团队中有不同的部门，不同的部门有不同的工作流程及工作内容，其薪酬激励制度也应有所不同。为了保证制度符合实际，该团队管理者收集了不同部门员工的意见和建议，在此基础上为各部门的员工制定了不同内容的考核制度与薪酬激励制度，保证了各部门员工薪酬的公平性。

合理的制度能够推动电商团队的发展，当外界环境发生了变化，电商团队在组织、管理、运营层面需要进行改变时，制度也必须随之改变。

5.2 人情不能 取代制度

制定制度之后，为确保制度能够发挥出应有的管理效果，管理者还要保证坚决按照制度规定管理电商团队，这其中遇到的最大阻碍就是人情。有时候，人情与制度是冲突的，想留住人情，往往会破坏制度。

某电商团队有一个总代理的职位空缺，管理者想从5个区域代理中选出一名来填补空缺。其中，区域代理A的呼声最高，其工作勤恳认真，营销业绩最为突出，不仅如此，他对待员工也十分亲和，会细心指导员工工作，该区的销售额总是遥遥领先。但是，管理者最终的决定是由区域代理B担任该职位。

原来，区域代理B工作能力并不突出，营销业绩远低于区域代理A。但由于区域代理B在团队中的时间最长，与管理者的关系也更为亲近，管理者出于人情的考虑，晋升了区域代理B。

这一结果引起了许多员工的不满，一些员工觉得晋升制度不公平，看不到发展前景，选择了离职。

上述案例表明，管理者过于重视人情，忽视了管理的公平，就会引发团队管理的问题，影响团队的发展。管理者必须要明白人情不能取代制度，一切事务都应该按照制度管理，这样才能保证公平公正。以晋升制度为例，为了避免晋升制度被人情腐蚀，管理者必须制定规范的晋升流程，并让员工监督执行过程。在这方面，某电商团队就做得很好。

该团队制定了规范的晋升流程，并提出了"晋升如打擂，人人有机会"的口号。定期公布晋升岗位需求信息和竞聘条件，只要有相应的能力，新老员工都可以参加岗位竞争。该团队的这一做法为很多新员工提供了晋升的机会。同时，该团队公布了每个岗位的竞聘情况及考核标准，在员工竞聘成功后，也会将信息张贴在公示栏公示。整个晋升流程公开透明，极大地保证了晋升的公平性。

制度不同于人情，不可以大事化小、小事化了。当员工违反了制度，秉公处理才是管理者最应该做的。有些管理者对员工比较宽容，认为员工偶尔违反制度，没必要严格处理；也有些管理者与员工关系不错，不想伤情面。这些管理者在员工违反制度之后，没有公事公办地按照制度处罚员工，而是睁一只眼闭一只眼，迁就和纵容员工。这些管理者的行为都是不正确的。

5.3 制度面前，
谁都不能找理由

在现实工作中，我们可能会遇到这样的事情。在某工厂的大门口，门卫提醒前来参观的人员登记并戴好安全帽，但是对方气冲冲地说："懂不懂规矩，没看到领导来视察吗？"这种现象折射出一种特权思想，即管理者和员工享受的待遇不一样，电商团队的制度是为员工制定，员工必须遵守，管理者可以超脱于制度之外。这种风气让员工感受不到平等和尊重，也感受不到制度的威严。

制定制度并不难，难的是以身作则把制度执行好。如果管理者不遵守制度，其他员工可能会效仿。这既会影响员工的工作效率，也会对管理者的管理工作产生不利影响。

一家电商企业的管理者将销售部门交给了自己的外甥小李管理，小李为了树立自己的权威，给销售部门的员工制定了苛刻的管理制度。例如，销售人员每天必须完成既定的销售额、不得迟到等。一旦员工违反制度，小李就会对其进行严厉的处罚，但他自己却从来不遵守制度。

小李这样的行为让销售部门的员工非常不满，但碍于他与管理者的亲戚关系，大家都敢怒不敢言，许多员工都在巨大的压力下选择了辞职，导致销售部门的人员流动率很高，销售业绩下滑，公司也因此出现亏损。

电商团队能否在激烈竞争的环境中立足并得到发展，与管理者的言行有很大关系。管理者要想要求员工对自己的行为负责，就要为员工做好榜样。只有不断反省自己，高标准地要求自己，才能树立严格自律的形象，获得员工的尊重。在这样的管理者的引导下，员工也会严格要求自己，遵守制度，积极工作。

5.4 执行才能发挥制度的作用

英国哲学家培根说过："有制度不落实，比没有制度的危害还要大。"这句话直到今天依旧适用于企业的发展。有多少雄心勃勃的电商企业制定好了制度却不了了之，又有多少电商企业守着完善的制度走向破产。制度只制定不执行带来的教训是十分惨痛的。制度只有经过强有力的执行，才能够推动电商团队的发展。

有一家小型电商企业因为经营不善而面临倒闭的危机。这时，有家大型电商企业为了扩大自己的业务版图，收购了这家小企业。收购之后，这家大型电商企业派了几名管理者接管财务、管理、营销等部门。这几名管理者并没有改变原有的制度，也没有裁员。他们只提出了一点要求，把之前企业制定的方针和规章制度严格地执行下去，才过了一年，这家企业就转亏为盈。

同样的企业，只是换了管理者，为什么会有如此大的差距？最关键的一点就是"执行"，也就是将制度落实到位。任何一项工作、任务能够完成，都是紧抓执行的结果，制度不能只写在纸上，要从纸上"走"下来，落实到日常工作中。如果没有执行，再完善的制度也是一纸空文，发挥不出其应有的作用。管理者应如何执行制度？

① 管理者要把执行当作长期的工作进行，以保证行动能够落实到位。

② 管理者要及时总结和汇总执行中的工作技巧和方法，以提高工作效率，从而推动执行力的提升。

③ 在执行制度时，关键在于速度和力度。管理者要严格按照制度办事，快速根据制度做出决策。

用制度管人是许多团队成功的秘诀，而强大的执行力是建立团队竞争优势、创造商业奇迹的关键因素，正所谓"制度打天下，落实定江山"，二者缺一不可。

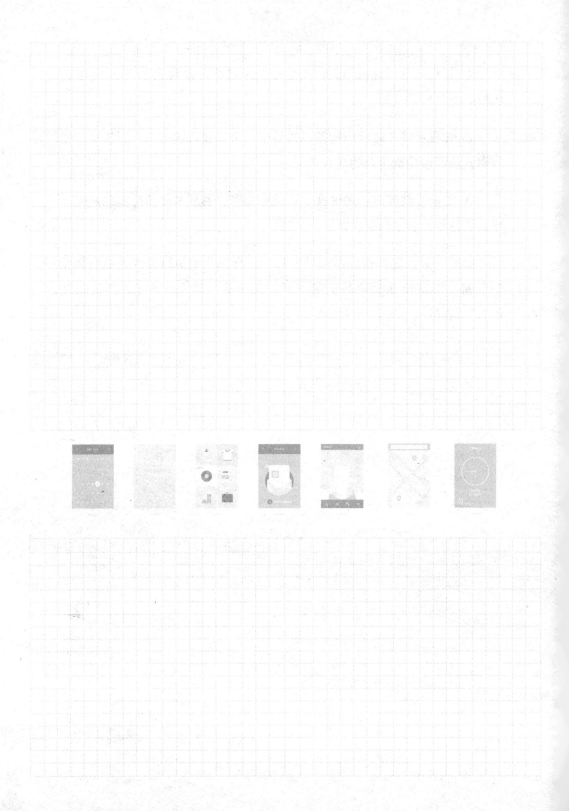

目标管理——
有了目标，电商团队才好管理

目标管理对于电商团队而言是极其重要的，管理者要想团队实现高效率运作，就必须设立有效的战略目标，并逐层分解，最终落实到每一位员工的身上。在完成目标的过程中，管理者还要对员工的工作进行监督，并实行有效的激励措施，确保战略目标的顺利实现。管理者需要学习如何进行目标管理，包括如何制定目标、如何分解目标、如何监督计划的进行以及如何对员工进行管理等，了解电商团队目标管理的流程和方法。

6.1 电商团队目标的制定： 遵循SMART原则

目标管理是由管理学大师彼得·德鲁克提出的，首次亮相在他的著作《管理的实践》中。德鲁克认为，管理者一定要避免"活动陷阱"，不能只顾低头拉车，而不抬头看路，最终忘了自己的主要目标。此外，德鲁克对目标有5个要求。

① 目标并不是抽象的，而是具体的、能够用来衡量工作标准的。

② 目标必须具有可操作性，必须能够转化为具体的小目标和具体的工作任务。

③ 目标必须能够集中各种资源和努力。

④ 目标不是唯一的，必须有多种目标。

⑤ 在影响组织生存的各关键领域都需要设立目标。

基于此，美国马里兰大学管理学及心理学教授洛克总结出对现代管理具有重要意义的SMART原则。该原则主要包括以下五个方面。

（1）具体（Specific）

目标必须是具体的，即清楚地说明工作的目标和要达到的工作标准，只有具体的目标才会为员工的工作指明方向。实际上，很多电商团队运营不成功的主要原因就是目标模棱两可，很不具体，导致员工在实现目标的过程中没有方向。

例如，客服部门管理者为客服人员制定了一个小目标——"旺旺来消息时必须迅速回复"。这个目标就非常不具体，因为"迅速"是形容词，管理者难以根据这一目标判断客服人员的回复是否迅速。如果将目标修改成"旺旺来消息时必须在5秒内回复"，就非常具体了，管理者也能够明确地判断客服人员是否达到了这一目标。

（2）可衡量（Measurable）

目标必须是可衡量的。管理者在为员工制定目标时必须保证目标是能够被量化或能够被衡量的。可衡量的目标应该有一组明确的数据，作为检验的依据。如果制定的目标没有办法衡量，就无法判断这个目标是否已经完成或者完成到什么程度。

小张是一家电商企业的管理者。在为员工制定目标时就十分重视目标的可衡量性，他会按照具体的工作内容和工作流程为员工制定目标。对于一些可直接量化的目标，他会从数量的角度量化目标，如根据客户回购数量、客户回购率、产品销售数量等量化目标。

而对于一些无法直接量化的目标，小张也会根据目标的关键因素加以细化。例如，小张会根据配货速度、到货时间等因素为物流人员制定目标；根据通过率、通过次数、客户浏览时长等因素为文案人员制定目标。

（3）可实现（Attainable）

目标必须是可实现的，即制定的目标在员工付出努力的情况下是可以实现的。管理者制定的目标不能过低或过高。如果管理者为员工制定了过低的目标，无疑会造成人力资源的浪费；如果管理者为员工制定了过高的目标，在巨大的压力下，员工很可能会产生逆反心理，工作效率也得不到提高。

小王是一个电商团队的管理者，该团队在某平台开有网店，月销售额一般在20万元左右。而小王为了获得更多的店铺收益，为员工制定了"月销售额达到50万元"的目标。这个目标无疑是过高的，在高目标的压力之下，员工工作的积极性被严重挫伤，最终，这个月的销售额连平时的20万元都没有达到。管理者在制定目标之前，必须分析电商团队运营的实际情况，保证目标是可实现的。

（4）相关性（Relevant）

目标的相关性是指管理者制定的目标要和其他目标具有一定的相关性，这样才能保证目标方向的正确性，保证电商团队最终目标的实现。如果管理者制定了和其他目标不相关或相关性很小的目标，那么即使能实现，对于其他目标而言也没有太大意义。

（5）时限性（Time-based）

目标具有时限性，即目标的截止期限必须是清晰明确的。如果目标没有时限性，员工就会忽视工作的效率，同时管理者对员工的评判也会缺乏公平性，这将打击员工工作的积极性。

以"必须完成100万元的销售额"为例，这个目标虽然是具体的，但是没有明确的时间限制。因为没有时间限制，员工也无法合理地规划自己的工作，因而难以保证工作效率。而如果管理者将目标修改为"在2019年9月1日之前，必须完成100万元的销售额"，员工就明确了目标完成的期限，也能够根据目标期限来安排自己的工作，就能够有效提高员工工作的效率，从而保证目标更顺利地实现。

6.2 团队目标分解：自上而下法+自下而上法

制定电商团队的目标之后，管理者还需要对目标进行分解，将团队目标细化为不同的小目标落实到每一位员工身上，这能够推动目标的顺利执行。每个小目标都是为团队目标而服务的，每个小目标的实现都能够推动团队目标的实现。管理者分解团队目标，有利于细化团队管理，团队目标分解的方法有两个：自上而下法与自下而上法。

自上而下法即管理者制定好团队目标，并分解到每位员工身上。在制定及分解团队目标的过程中，管理者需要做好以下几个方面。

（1）各级市场的分解

大规模电商团队的销售范围非常广，甚至可以遍布全国。这样，团队目标就要分解到各个省、自治区、直辖市。不同区域的员工各自需要完成多少销售目标，重点地区、非重点地区分别是哪些，这些都是管理者需要考虑的问题。

（2）产品销售目标的分解

管理者要明确电商团队往期的销售情况，明确产品库存、产品目标销售额等，将产品销售目标分解到每一位员工的身上。管理者要根据不同地区的市场开发程度、客户存量等因素合理分解目标。

（3）年/季/月的分解

制定好团队目标后，管理者还需要对目标进行时间上的分解。例如，管理者需要根据往年的年度目标，结合当年的市场行情、团队人员构成、团队发展方向等制定年度目标，在此基础上再将年度目标分解为季度目标和月度目标，最终将目标落实到每一位员工身上。

自上而下法是传统的目标分解方法，能够极大地体现出管理者的意志。在通过自上而下法制定团队目标时，管理者需要综合考虑团队员工构成、团队发展方向、市场环境变化、市场发展趋势等内外部因素。同时，为了使团队目标的制定更具科学性，管理者可以在目标制定及分解的过程中倾听员工的意见和建议，吸收员工的合理建议来优化团队目标的制定和分解。

自下而上法也是常见的目标制定及分解方法。自下而上法指的是每个员工根据自己工作的实际情况制定出自己的小目标，再汇总到部门，最终部门管理者将部门目标汇总给电商团队管理者的方法。员工在日常工作中掌握了有关市场及客户的大量信息，提交的数据最能反映市场和客户的真实情况，管理者也可以通过员工反馈的数据更好地了解市场情况和客户情况。自下而上法的实施主要分为4个步骤。

第一步：员工制定目标

员工根据自己以前的销售额、目标完成情况及其对市场和客户的了解，制定出与自己相符的工作目标，包括月度目标、季度目标、年度目标等，然后将目标提交给部门管理者。

第二步：逐级向上报告

员工将自己的目标提交给部门管理者之后，部门管理者需要对其分析，并做出适当的调整，然后再提交给团队管理者。这样一来，就实现了目标的逐级上报。

第三步：明确目标

电商团队的管理者在得到各部门的工作目标后，要对其进行细致的分析，判断这些目标是否符合团队战略目标。如果存在偏差，管理者就需要对其进行调整。

第四步：分解目标

确定好合理的团队目标之后，团队管理者需要将目标分解到每个部门、每位员工身上，部门管理者与员工还要签署各自的目标责任书，正式认领自己的工作目标。

相比于自上而下法，自下而上法更加灵活，更能体现员工的诉求，也更符合现代化管理的潮流。无论采用哪种方法，为保证团队目标的科学合理，管理者都应做到以下两个方面。

首先，在制定目标时，管理者需要全面考虑团队的内外部环境。一些管理者在制定团队目标时，只注重产品的销量和销售额，这是很片面的。管理者不能只考虑销售这一个层面，还要综合考虑市场、产品、效益、客户等。除了销售额、销售量目标以外，管理者还应该制定市场占有率目标、增加客户数量目标、老客户回购率目标、客户满意率目标、产品效益目标等其他目标。

其次，管理者在制定及分解团队目标时，要考虑员工的意见和建议。相比自上而下法，自下而上法更能反映员工的想法。即使是管理者制定团队目标并自上而下分解目标时，管理者依旧要建立多种沟通渠道，倾听员工的想法。

6.3 签订目标责任书：
为实现目标保驾护航

完成制定和分解目标的工作以后，为了让目标更加顺利的实现，管理者还应该与员工签订目标责任书，这么做主要有以下4个优点。

① 提高员工的竞争意识、责任意识。

② 健全团队的竞争机制。

③ 让员工更加重视自己的工作目标，为员工的工作提供动力。

④ 工作目标用书面的形式展示出来，便于管理者对目标执行过程进行管理。

应如何为员工制定目标责任书？以下是一份模板，可以为管理者提供借鉴。

××电商团队2019年销售目标责任书

根据团队的销售总目标并综合考虑市场竞争、历史销售业绩、产品实际情况等多种因素，为了充分调动每位销售人员的工作积极性和工作热情，保证团队销售总目标顺利实现，在公平、公正、自愿的基础上，特制定"2019年销售目标责任书"，明确每位销售人员的目标和责任。

一、销售目标责任人：　　　　　　　　销售地区：

二、销售目标任务：

三、完成销售目标的时间期限：2019年1月1日——12月31日。

四、销售人员应尽的义务。

在签订年度销售目标责任书以后，员工应该履行以下几项义务。

1.员工应把完成工作目标作为未来工作的重心，做好规划，勤奋工作，要尽自己最大的努力去完成目标。如果目前的销售模式存在问题，员工应及时提出问题并制定改进方案，团队也将定期地进行监督、考核工作。

2.员工需严格控制好销售成本，不泄露团队机密，不违背职业道德，切实保障团队的利益。

3.员工需接受团队的领导及监督。

4.在销售过程中，员工不得做与工作无关的事情，不能损坏团队的声誉。

5.员工需严格遵守团队的规章制度。

6.员工需严格遵守国家的法律、行政法规和地方性法规。

五、考核目标的办法

员工应该按照工作目标，安排好自己的销售工作。团队会成立考核小组，对员工的销售工作进行考核。

六、奖惩方案

1.奖励的标准

团队将完成目标的情况作为奖励的标准。团队将会向完成工作目标的员工发放奖励，奖励数额根据销售额和销售利润来确定。

2.奖励方式

团队提供现金、旅游、股份等多种奖励方式，具体方式由员工和团队协商决定。

3.对于没有完成销售目标的员工，团队将根据其考核结果决定是否处罚。

监督人：　　　　　　　　　　　销售目标责任人：

年　月　日　　　　　　　　　　　年　月　日

目标责任书要表明员工的工作目标，也要写明对员工的奖励措施，从而激励员工努力工作，激发其工作的积极性。如果管理者只在目标责任书中讲明员工的工作目标，而不讲明员工完成工作目标后的奖励，就会极大地降低其工作积极性。员工通过目标责任书明确自己能够得到的奖励，在工作中就会更加有动力，有助于销售目标的顺利实现。

6.4 建立看板：让目标进度可视化

在现代化电商团队的管理中，可视化成为越来越重要的特点，而看板则是实现可视化的重要方式。管理者用看板来管理团队员工，可以清楚掌握其目标进度，了解哪些员工是落后的，进而对他们的工作进行有效指导。因此，管理者必须掌握看板管理的知识。

在进行可视化的看板管理时，不同的团队可能存在某些差异，但万变不离其宗，管理者只要掌握了"宗"，就足以应付其中的"万变"了。

看板管理为什么具有那么大的魅力？其优点如下。

（1）传递信息，统一认识

管理者可以通过看板来引导员工形成统一的认知，朝着团队的共同目标前进。管理者通过看板传递信息，既能保证信息传递的准确性和速度，又能避免传递过程中出现问题。

（2）刊登业务文章，熟悉业务

看板可以经常刊登一些销售技巧、美工知识、与客户沟通的技巧等多方面的专业知识。员工能够通过阅读这些文章提升自己的业务技能。特别是对于新员工来说，当业务上有不懂的问题又找不到人帮忙时，看板上刊登的内容就可以帮助其熟悉业务知识，明确工作要求。

（3）奖优罚劣，营造氛围

管理者可以在看板上公布员工的工作业绩以及员工的奖惩情况，以便激发员工的工作积极性。业绩好的员工能够在奖励的激励下更加努力地工作，业绩较差的员工也能够看到自己与他人的差距，从而明确进步的方向。管理者在看板上公布员工的奖惩情况，员工能够感受到团队制度的公平性，从而积极参与到竞争中。

（4）及时更新目标进度，提高员工成就感

看板上的内容是需要及时更新的，管理者需要在看板上及时更新员工的工作动态和工作进度。工作进度的不断更新能够让员工获得成就感。同时，为了提高员工的成就感，管理者还可以为达到不同阶段目标的员工提供一定的奖励，这能够使员工获得更多的成就感和荣誉感。

管理者想要实现看板的可视化管理，就需要做好以下三项工作。

① 管理者在建立看板时，一定要保证看板上内容的公开透明，以便实现可视化管理。

② 管理者在使用看板之前，要考虑到可能出现的问题，并制定好相应的解决方案，为之后看板的顺利使用提供保障。

③ 管理者要保证看板可以及时反馈员工的目标进度。

为了保证看板的可视化作用能够被最大限度地发挥出来，管理者必须要注意以下四点。

① 管理者要把看板放在引人注目的位置。

② 管理者在为看板布局时，要保证其合理性。

③ 看板上的内容一定要醒目，一目了然。

④ 管理者要做好看板的内容设计，把最重要的内容展示在看板上。

表6-1就是一个非常典型的销售看板，内容全面，布局合理，管理者在建立看板时可以借鉴此表格。

表6-1　电商团队销售看板

团队愿景：							价值观：			
20××年目标：					已完成：		周业绩之星		月业绩之星	
月份	目标值	每周业绩				完成值	完成率	照片　姓名　业绩		照片　姓名　业绩	
		第一周	第二周	第三周	第四周						
1月								个人业绩			
2月								姓名		20××年×月	
3月										第一周　第二周　第三周　第四周	
4月											
5月											
6月											
7月											
8月											
9月											
10月											
11月											
12月											

管理者建立看板，员工能够意识到各自的不足与优势。对于业绩好的员工来说，看板可以给他们提供动力，促使其继续保持良好的业绩；对于业绩较差的员工来说，看板可以给其施加压力，推动其不断进步。通过可视化的看板，管理者还可以实时查看员工的工作进度；当发现员工在工作中出现问题时，管理者可以及时提供指导。

6.5 把握执行关键期：
月初紧＋月中查＋月末冲

制定目标和分解目标的最终目的都是顺利完成目标，管理者需要督促员工执行目标。针对完成目标的不同时期，管理者需要做不同的工作、把握不同的重点。以月度目标为例，管理者需要管理好月初、月中、月末这三个关键时期。

（1）月初紧：前10天完成50%的月目标

管理者要管理好目标执行的过程，特别是月初这一执行关键期。在月初，管理者要加紧督促员工，争取让其在前10天完成50%的月目标。为了激发员工的工作积极性，管理者对员工的管理应以鼓励为主，肯定员工的进步。同时，管理者可以调整团队的人员分配，加强员工的交流合作，帮助员工提高业绩。此外，管理者也可以为员工组织培训或召开员工交流会等，为员工提供更多的交流机会。

（2）月中查：检查员工工作，督促后进者

在月中阶段，管理者要做的是加强对员工工作的检查和监督。管理者需要检查员工的工作量和工作进度，对表现出色的员工表示肯定，同时督促后进者。在这个阶段，管理者需要检查员工有没有完成50％的月目标，分析员工在月末时能否顺利完成销售目标。

在这个过程中，管理者可能会发现有些员工的业绩非常差，按照这个进度是一定完不成目标的。但是无论他们上半个月的业绩有多差，管理者也不能改变已经确定下来的销售目标，只能采取一些措施来督促这些后进员工。

管理者首先要判断后进员工的工作方向是否正确，如果员工的工作方向没有问题，就要分析员工的工作方法。管理者还可以让这些后进员工总结自己业绩不好的原因，以便找出其工作中出现的问题并解决。

（3）月末冲：激发员工动力

在月末阶段，一些员工由于难以完成目标，逐渐产生消极情绪，导致工作没有动力。在这种情况下，管理者需要多激励员工，为其消除不良情绪。管理者可以在会议中强调业绩良好的员工能够获得的奖励，以此激励员工，管理者还可以通过组织聚餐、爬山等活动舒缓员工紧张的心情，让其能够以更好的状态面对月末的工作。

管理者通过对以上执行关键期的把握，能很好地激励员工完成工作目标。

6.6 案例：
电商团队的目标管理之道

电商团队的目标管理是指在团队员工的积极参与下，以目标为导向，以员工为中心，以业绩为标准，自上而下或自下而上地确定和分解工作目标，并在工作中通过对目标执行过程的把控，保证员工和团队目标实现的管理办法。一般来说，电商团队的目标管理主要分以下8个步骤。

（1）制定团队目标

电商团队经营以团队目标为指导，没有团队目标就没有团队的发展。而管理者进行团队目标管理的首要问题就是制定团队目标。

（2）制订团队计划

确立的团队目标只是团队目标管理过程的纲领，要想实现这个目标，管理者还要根据这个目标制订具体的计划。制订团队计划是一个把团队目标转换成实践的过程，使目标具有可操作性。这一过程中最重要的问题就是资源配置，管理者需要为计划的实施配置好充足的资源，没有充足的资源支持，再详细的计划也无法实施。

（3）明确目标责任

在制订好团队计划之后，管理者要考虑的是这一计划由谁来执行，执行过程中要承担什么样的目标责任。没有完善的责任体系，再好的计划也会落空。而责任体系应该是覆盖全员和计划施行全过程的。在制订好团队计划之后，管理者一定要落实不同目标的责任人，明确每一名员工的职责。

（4）实施团队目标

目标责任人落实以后，就要进行团队目标的实施工作了。管理者需要把员工的目标细分成一个个小目标，细分后的目标必须是具体的、可实现的、可衡量的、具有相关性且具有明确完成时间的。

（5）监督团队目标的实施

在目标实施过程中，为确保团队目标的实现，管理者还必须加强对团队计划实施过程的监督和指导。监督的目的在于强化目标管理的执行力度，指导的目的在于对员工的情绪进行疏导、对员工的偏执行为进行劝导和对员工的知识能力进行教导。管理者要最大限度地挖掘员工潜力、激发员工工作热情，使员工的工作安排始终围绕目标运行，激发员工的积极性、主动性和创造性。

（6）实现团队目标

团队目标按层级分类可以划分为团队目标、部门目标和员工目标。按专业分类可以划分为管理目标、生产目标、营销目标和财务目标等。目标监督的过程是以人为本的目标管理，其目的是通过实现不同层级的小目标来最终实现团队目标。不同层级的小目标都实现了，团队目标自然也会实现。

（7）进行目标评价

在团队目标实现之后，管理者还需要对团队目标的实现过程进行复盘，进行目标评价。管理者在进行目标评价时要注意以下三点。

① 评价实现目标的各种资源的使用情况，如分析各种资源使用的数量、分析资源的配置是否合理等。

② 评价实现的目标是否还有弹性空间，如是否可以当作基准、是否可以进一步提高等。

③ 分析所实现的目标对于可持续发展能否带来推动和促进。

（8）目标刷新

目标管理的最高境界是以终为始。目标刷新的过程也是自我超越的过程，刷新的目标能否超越原来已经实现的目标，在很大程度上反映了电商团队的能力及潜力。在进行目标的刷新时，管理者需要考虑上一个目标的完成情况及团队发展目标、人员构成、业务构成等实际情况，同时需要考虑外部市场的变化趋势等因素，制定能够实现推动电商团队发展的新目标。

游戏化管理——
适合年轻电商团队的管理
模式

电商作为新兴的商业模式，团队成员中年轻人居多。他们在工作时不喜欢被传统的规则禁锢，追求新鲜与乐趣，同时，他们将工作视为实现自身价值的途径，注重幸福感和自我价值的实现。

电商团队该如何有效地激励新生代员工，充分发挥他们的潜能？游戏化管理可以解决这一难题。游戏化管理是将游戏的乐趣、成就和奖励等要素与商业流程、体系或系统相结合，使员工在愉悦的氛围中完成工作。

7.1 游戏化管理的六个关键要素

游戏化管理的核心是将工作变成游戏。如何进行游戏化管理？最简单的方法就是将游戏机制应用到工作场景中，按游戏的方法判定工作结果，设计游戏化工作。管理者需要结合多种游戏机制，在工作的每一个环节都融入游戏元素。设计游戏化工作一般需要考虑六个要素。

（1）挑战

人们都喜欢通过挑战来证明自己的实力，挑战是设计游戏化工作时最先要考虑的因素。管理者可以设计奖金挑战机制刺激员工主动投入工作，这样既可以让员工获得更好的工作体验，又可以提高员工的工作效率。

（2）分数

许多游戏都使用了分数制，以分数评估玩家的表现。游戏化工作同样可以采用分数制，例如，管理者可以采用分数制为员工的每一项工作打分，这可以使员工通过分数直观地看到他们的成就，也可以使管理者更科学地评估员工的能力。

（3）积分

积分是游戏里常见的元素。当玩家达成某一任务时就会获得积分，而积分累积到一定数量就可以兑换奖励。这种机制同样适用于游戏化管理，当员工完成某项工作时可以获得相应的积分，他可以用这些积分兑换礼品、奖金或假期。

（4）排行榜

员工或团队之间的比拼可以让挑战变得更有趣。管理者可以在团队中设置排行榜，将员工的积分进行排名，以此提高员工的工作积极性。

（5）员工体验旅程

好的游戏都比较注重玩家的游戏体验，因此，管理者在设计游戏化工作时也要注重员工的工作及游戏体验，提高游戏的真实感，让员工更能投入到游戏化的工作中。例如，管理者可以为员工改造工作环境，加入游戏化的场景及道具，为员工设计符合游戏场景的代号等。

管理者需要逐步完善游戏化管理的内容，在员工逐渐熟悉基本游戏规则后，再不断向其展示其他的内容和功能。这样既可以避免员工出错，又可以使员工更好地融入游戏化的工作中。

（6）限制

在设计游戏化工作时，管理者还需要为工作加入限制元素，常见的方式是限制员工完成工作的时间。游戏里的许多任务都是有时间限制的，超过时限玩家就会失败。这个规则同样可以移植到工作中。例如，员工没有在规定时间内完成工作，就会被扣分。

在设计游戏化工作时，管理者还可以通过游戏设计限制员工的交互范围。例如，员工需要在完成某项工作后才能解锁下一项工作。这种限制可以让员工更合理地规划自己的工作，团队整体的工作也因此更有条理。

管理者可以根据以上六个要素对员工进行游戏化管理，增加工作的趣味性，提高游戏化工作对员工的吸引力，从而提高员工工作效率。除了以上六个要素外，管理者还可以加入其他游戏化元素。这需要管理者仔细分析团队的发展现状及特点，并与员工进行讨论，确定具体细节。

7.2 让游戏成为对工作的奖励

为什么人们玩游戏会上瘾，而工作却时常感到厌倦。这是因为人们对游戏有内在动机驱动，游戏是主动进行的带有娱乐性质的活动，而工作往往是人们被动进行的活动。

让工作成为游戏，其目的就是让员工主动参与工作。游戏化工作中的各种奖励，都是为了激发员工的内在动机，让其对工作产生更多的兴趣。因此，游戏化工作的积分奖励一定要适度，不要让员工的内在动机逐渐表面化。例如，一个员工本来很喜欢自己的工作，后来却变成为获得积分而工作，这反而削减了其对工作本身的兴趣。为了激发员工对工作的内在动机，管理者可以改进原有的工作方式，使工作丰富化、过程趣味化，让员工在工作中不断接触新鲜事物，迎接新的挑战，一直保持好奇心和探究欲。

同样的工作，可能一个员工认为在做游戏，而另一个员工认为在做苦役。所以，管理者设计游戏化工作一定要做到员工与岗位相匹配，避免员工对工作力不从心。另外，员工与团队相匹配也十分重要，当工作成为游戏，和谁一起玩就成为非常重要的问题。管理者要把能玩到一起去的员工放在一起，这样才能使团队的工作效率最大化。

传统的管理理念也讲究员工与岗位相匹配，但传统的管理理念把员工当成人力资源，是电商团队的一部分，而游戏化管理理念将员工当作独立于团队的个体。员工是游戏玩家，电商团队是游戏开发商，工作是游戏产品。员工玩游戏，通关后成为工作高手，获得成就感和满足感。这样的模式可以充分调动员工的积极性，促使他们高效地完成工作。同时，游戏化的管理方式也会使员工与团队之间形成良性互动，使团队氛围更加和谐。

7.3 游戏化管理原则一：让新员工迅速入门

游戏化管理对电商团队的运营有诸多好处，因此，越来越多的电商团队开始尝试。在游戏化管理时，管理者需要把握哪些原则？电商团队游戏化管理需要遵循的第一个原则是让新员工迅速入门，这需要管理者对任务进行分割以及让新员工充分参与团队合作。

（1）分割任务

单机游戏一般都会有支线任务和最终任务，这是为了让玩家在游戏过程中不断获得完成任务的成就感，从而始终对游戏保持兴趣。因此，游戏要设立无数分支任务，关联又独立，不断有新的挑战才会有趣味性，才会吸引玩家。

工作也是如此。团队的新员工对电商团队的环境和工作都比较陌生，业务能力也不像老员工那样熟练，如果把复杂的工作交给他们，很可能会力不从心，产生畏难心理。而且短时间内就处理复杂工作不仅不利于工作的完成，也不利新员工的学习和成长。

管理者必须对任务进行分割，把复杂的任务分为几个阶段，让新员工从简单工作入手，逐步学习处理复杂任务。在每一个阶段性任务完成后，管理者都需要对员工进行适当奖励，帮助员工完成从外在驱动向内在驱动的转变。

（2）参与团队合作

让新员工参与团队合作也可以帮助新员工快速入门。新员工刚到一个陌生的环境，对业务流程、工作内容都不熟悉，对周围的同事也比较生疏，很难产生归属感。在这种情况下，管理者就需要在游戏化管理的过程中，多增加一些让新员工与团队其他同事互动的机会。例如，设立必须要两个人合作才能完成的任务等。这样既能让新员工快速提高业务能力，又能使新员工对团队产生归属感，快速融入新环境。

7.4 游戏化管理原则二：赋予员工荣誉感

电商团队游戏化管理需要遵循的第二个原则是赋予员工荣誉感。该原则有两种实现途径：一是赋予员工个人荣誉感；二是赋予员工集体荣誉感。

（1）赋予员工个人荣誉感

员工个人荣誉感的来源主要是团队明确的奖惩制度，这需要管理者在游戏化管理时设立明确的奖惩制度，并严格按制度执行。管理者可以把奖惩制度设计得更加细化，例如，员工完成某个小的工作目标，按公司规定可能不会有奖励，而在游戏化管理中则可以增加员工积分或为员工颁发勋章，这会大大提升员工的个人荣誉感。

（2）赋予员工集体荣誉感

员工的集体荣誉感是员工因团队的成功而产生的，这是员工获得荣誉感的重要来源。

在网游世界，"战队"和"公会"等制度将玩家组成一个个小集体，集体中的成员一起完成"战队"任务，或通过大家的努力使得集体的排名上升时，队员都会产生来自团队的荣誉感。

而电商团队的游戏化管理需要提升员工的集体荣誉感。这里需要注意两点：一是要加强团队合作，团队合作不仅能使工作目标更顺利实现，还能使员工加深彼此的交流，营造更和谐的团队氛围；二是团队管理者一定要让每一位员工都参与进来，不能忽视或有所偏颇，员工的参与感是其获得团队荣誉感的必要条件。

7.5 游戏化管理原则三：加强员工间的互动

游戏化管理需要遵循的第三个原则是加强员工间的互动，员工是电商团队的主体，加强员工间的互动可以有效增强电商团队的凝聚力。团队凝聚力是指团队成员之间的团结力，即团队对员工有吸引力，员工对团队有向心力。团队凝聚力的高低决定员工能否积极有效地工作，因此，电商团队管理者要通过各种形式加强员工间的互动，让员工间建立亲密、默契的关系。

如何在游戏化管理中加强员工间的互动？这需要管理者做到以下几点。

（1）设立一个共同的目标

员工拥有共同的目标可以使员工为了实现目标而彼此互动，这是加强员工互动最有效的途径。管理者在进行游戏化设计时，可以充分利用共同目标提高员工的工作动力。例如，在设计客服部门的工作时，各小组管理者可以设计成不同的"门派"，组长就是各门派的"掌门"，各组员工的目标就是将"掌门"推向"武林盟主"的位置。通过设计这样的共同目标，各门派"弟子"在同一个目标的激励下，就会为了达成目标而增加互动。

（2）定期召开"武林大会"

加强员工互动的必要条件之一就是为员工创建可以沟通互动的环境，有了这样的环境，员工才会将心中所想表达出来。对此，管理者可以定期组织各种集会。例如，把部门经理设定为"武林盟主"，各小组设定为"江湖门派"。"武林盟主"可以定期召开"武林大会"，召集各"掌门"及"弟子"前来参加。在"武林大会"中，各"掌门"可以利用自己小组的积分、勋章等向其他"掌门"挑战，获胜的"掌门"及门派"弟子"可得到相应的奖励。

这样的活动为员工提供了交流互动的平台，员工之间可以分享工作经验和注意事项，还能互相挑战，获得奖励。

（3）倡导良好的非正式游戏化沟通氛围

员工互动不只体现在工作中，还可以体现在工作之外。例如，招商银行的"烧烤节"、日本员工下班后的酒文化等，都能够加深员工之间的互动。游戏里有各种宴会活动，各玩家可以在宴会活动中互相交流，获得各种宴会奖励。管理者也可以采取同样的做法，定期为员工举办各种集体活动。在活动中，员工可以休闲娱乐，分享个人爱好或展示才艺，管理者可以设计一些游戏环节，加强员工之间的互动。这样可以增加员工彼此的感情和亲密度，使团队更加具有凝聚力。

7.6 游戏化管理原则四：做好即时反馈

　　游戏化管理需要遵循的最后一个原则是做好即时反馈，即时反馈可以大大提高电商团队工作的质量和效率。

　　游戏中有一种常见的设置叫状态栏和进度条，例如，玩家在攻击怪兽时，可以从野怪头上的血条看出攻打它的进度。这就是一个即时反馈系统，可以让玩家随时看到自己游戏角色以及对手游戏角色的状态和属性。

　　这种即时反馈机制符合人们追求安全稳定性的天性，大大提高了玩家的参与积极性和满足感。在实际工作中，没有状态栏和进度条，所有的信息反馈都是不及时的，大部分工作都要事后汇总，这很大程度上降低了员工的参与积极性和成就感，员工的失误也得不到及时纠正，增加了其做无用功的可能。

　　管理者在游戏化管理时一定要做好即时反馈，可以设计小程序或功能简便的APP来帮助员工随时了解自己的工作总量和工作进度等，增加员工的满足感，激励员工提高工作效率。

　　同时，管理者要注意，工作中的及时反馈是双向的，不仅员工要向管理者反馈，管理者也要向员工反馈。员工向管理者反馈，即主动向领导汇报自己的工作进度和工作中遇到的问题；管理者向员工反馈，即及时对员工的反馈做出回应，及时解决员工工作中出现的问题。

　　即时反馈要求管理者要及时汇总员工的工作情况，同时也要加强与员工的沟通。对此，管理者可以在游戏化管理模式设计中增加员工与管理者见面的任务，加强与员工的沟通。

7.7 案例：阿芙精油对团队实施游戏化管理

作为国内精油行业领导品牌，阿芙精油无疑是电商团队经营成功的典范。自入驻淘宝以后，官方旗舰店多次获得"双十一"当天美妆类产品销售冠军。从2018年起，阿芙精油开始在微信布局电商业务，其规模也进一步扩大。

阿芙精油实现稳步发展的重要原因在于阿芙精油的电商团队实施了游戏化管理模式。其游戏化管理模式主要表现在以下3个方面。

（1）打破传统范式

阿芙精油在管理员工的过程中打破了很多传统规则，员工不被传统、刻板的要求所束缚，工作时间十分自由。例如，阿芙精油不会要求员工打卡，每天下午会为员工提供水果和饮料，员工在任何时间都可以吃零食。因为阿芙精油有详细的绩效制度约束员工，所以管理者从不在小事上限制员工自由。

（2）密集的激励策略

阿芙精油有月月涨薪计划。公司的一个标语就是："一年中，假如员工涨薪8次，证明这是合格员工；涨薪10次，证明这是优秀员工；涨薪12次，证明这是大满贯员工。"虽然每个月涨薪幅度只有100元或200元，但这种涨薪频率让员工每个月都有满满的工作动力。因为每个月都有加薪的可能，所以员工会自觉地努力工作、服务好客户，而不是在管理者的强调下被动工作。

（3）舒适的工作环境

阿芙精油的游戏化管理宗旨是把员工服务好。因为客服岗位的员工的工作性质需要长期保持一个姿势工作，所以公司配备了按摩师。另外，为了给员工足够的关怀，办公室里还有理发师和美甲师。阿芙精油还为员工提供了胶囊公寓，让员工充分休息，调整状态。

游戏化的管理制度会激发员工的热情，这是阿芙精油始终坚信的管理原则。为此，阿芙精油做到了快速开局和快速奖励。例如，员工涨薪有两个条件：一是公司大盘营业额有良好的增长，二是工作表现能被别人赏识。虽然每次的涨薪幅度不是很大，但只要员工符合标准就会立即被奖励，这种及时反馈机制极大地刺激了员工的工作热情。阿芙精油的快速开局和快速奖励模式从员工进入公司就开始发挥作用。无论是涨薪还是各种福利都保持"小步快跑"的模式，帮助员工形成条件反射，从而更加主动地投入工作。

如何让员工在枯燥的工作中获得激情？阿芙精油借助了客户的力量。阿芙精油的办公室墙壁上贴满了客户的好评，并且会定期更换，每个员工都可以看到这些好评。物质激励作用只是一时的，精神激励才能让员工从心底里热爱工作。客户的好评是对员工工作的肯定，能够有效提高员工工作的积极性。

阿芙精油的企业文化是让每个员工都能在工作中找到乐趣。例如，几个员工晚上下班后在公司玩游戏，管理者不仅没有批评他们，还给他们换了新的鼠标，并为他们的比赛准备了奖品。这个案例的重点在于正反馈，当员工行为得到公司的正反馈时，他们自然就会产生归属感。

　　综上所述，阿芙精油对团队的游戏化管理体现在工作的方方面面，重视员工的诉求，并对每一种诉求都进行正反馈，让员工对公司产生归属感，从而自觉主动地投入工作，这是阿芙精油能够稳步发展的根本原因。

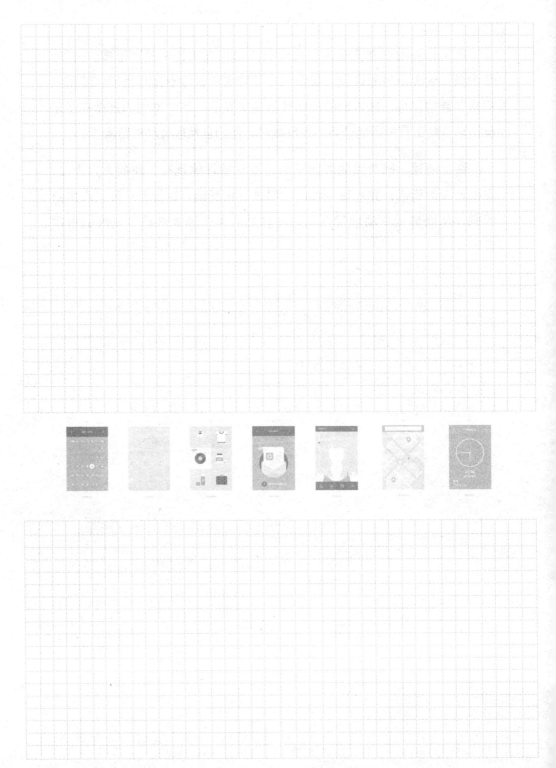

去中心化管理——
将管理者变成教练的管理模式

如今，电商行业正处于繁荣时期，传统企业计划转型，新兴企业不断涌现，但现在行业中的状况是，一大批电商团队崛起的同时另一大批电商团队在走向衰亡。为什么会出现这样的状况？主要原因是大部分电商团队都把利润最大化作为管理的目标，忽视了员工的主观能动性，管理体制僵化。

在产品、技术和知识更新速度日益加快的大环境下，电商团队的成长需要可持续性，这要求电商团队必须不断增强知识管理和团队协作的能力。对此，去中心化管理模式为电商团队提供了新思路。

8.1 管理者要学会做员工的教练

为了使员工更好地掌握工作技能，激发员工的工作积极性及工作潜力，管理者要将自己打造成员工的教练。教练有哪些特点？教练不会直接告诉学员答案，而是通过有效的提问帮助学员找到答案。教练也是学员的伙伴，会通过言语教导激发学员的想象力和潜力。

管理者要想学会做员工的教练，就要了解管理者和教练的区别，这主要表现在以下4个方面。

（1）管理者注重用，教练注重教

许多管理者只会思考如何用好员工，其工作的重点在于指挥员工工作，而教练则注重对学员的教学和训练，能够把有欠缺的学员训练为合格的学员。管理者也要像教练一样，注重对员工的教学和训练，培养出工作能力更强的员工。

（2）管理者注重结果，教练注重过程

教练的目的是训练好学员，他会更加注重教学过程，而许多管理者出于利益考虑，更加注重员工的工作结果。有正确的过程才会达到预期的结果，管理者不能只义注结果，也要像教练一样为员工的工作过程提供指导与协助。

（3）管理者注重执行，教练注重理解后的执行

在教学过程中，为了让学员学会一些动作或技能，教练会对教学内容做出详细的解释，以便让学员理解教学内容。一些管理者会让员工无条件服从团队的管理，接受团队的工作安排，但工作结果往往并不能达到管理者的预期。如管理者只是让员工接受工作，却不告诉员工这样安排工作的原因，员工不理解，自然难以正确地开展工作。管理者需要像教练一样对员工作出解释，让员工理解，这样员工才能够更好地完成工作。

（4）管理者侧重于批评，教练侧重于纠正

在学习的过程中，如果学员犯错，教练更加注重对学员的纠正，以便把学员拉回正轨。如果员工在工作中犯错，管理者不想着如何纠正员工的工作，只是一味地处罚，那么管理者对员工的管理无法推动员工的

进步。在员工犯错后，管理者需要思考员工是否在工作上遇到了困难，是否缺乏必要的帮助，应及时纠正员工的错误。

"90后"员工极具想象力及创新精神，管理者要像教练一样了解员工的工作风格，挖掘员工的工作潜能，培养员工工作的主动性。管理者要学会像教练一样引导员工，促使其独立思考，在工作中发挥自己的主动性与创造性，从而提高工作能力。

8.2 "妈妈"型管理者 vs "放手"型管理者

原通用电气董事长兼CEO杰克·韦尔奇有一句经典名言："管得少就是管得好。"华人管理教育第一人余世维曾说："兵随将转，天下无不可用之人。"管理者要了解员工的优势，并加以培养和任用。管理者的任务不应该只是发掘人才、管理人才，还应该建立能让每一名员工都可以成为可用之才的制度。

很多电商团队管理者都有这样的通病：习惯于相信自己，凡事总想亲力亲为，经常干预员工的工作。他们的口头禅是："工作太多了，怎么没有一个人能帮我的忙？"这是典型的"妈妈"型管理方式，从头管到尾，从小管到大。员工会因为管理者"妈妈"型的管理方式，养成依赖他人、从众和封闭等习惯，从而失去主动性和创造性。时间一长，电商团队就会因为缺乏活力而无法向前发展。

超时工作似乎已经成为很多管理者的常态。许多管理者80%的时间用在了管理上。对此，著名经济学家胡鞍钢指出："西方国家的企业管理工作中的'管'与'理'的比例是2 : 8，与中国企业恰好相反。这是大多数中国企业在国际舞台上缺乏竞争力的一个重要原因。"

传统的"妈妈"型管理者在管理员工的过程中，会极大地体现自己的意志，员工只是管理者决策的接收者和执行者。这样的管理模式有两个弊端。

（1）决策效率低，团队响应迟钝

决策权在管理者手中，决策所需要的信息需要逐层传递给管理者，在信息传递完成后，管理层还要筛选和分析这些信息。这一过程需要很长时间，管理者的决策效率低，团队响应也会迟钝。

（2）不利于团队创新

在管理者意志的影响下，员工难以有自由发挥的空间，其个人的创造性很容易被扼杀，不利于团队的创新。

要想电商团队更好地发展，管理者需要做"放手"型管理者，即信任员工、学会放权。给予员工必要的信任和适当的权利是重要的激励手段，不仅能满足员工实现自我价值的需求，还可以减轻管理者的工作负担。

放权不是管理者完全放任员工，而是在保证知情权和控制权的基础上，管理者只做大方向的决策，把其他小事的决策权交给员工。这样，员工在工作中就有了一定的操作空间和决定事情的权力，既能激发员工工作积极性，又能保证问题的及时解决。此外，管理者在放权的同时还要对员工进行监督和控制，与员工保持沟通，防止权力滥用。

8.3 去中心化管理一：
扁平管理

组织结构扁平化是通过减少管理层次和裁减冗余人员建立起的紧凑的、扁平的组织结构。这种组织结构更灵活、敏捷，并且拥有更高的组织效率。随着社会的不断进步，未来将会有更多的企业逐渐向扁平化结构演进，从而有效提高工作效率。

以小米公司为例。小米公司相信优秀的人才本身就拥有强大的自我驱动力和自我管理力，而传统管理方式的管理者就像"监工"，对员工始终保持不信任的态度，不利于优秀员工施展才华。所以小米公司采用扁平化结构，给员工最大限度的自主权，让其在自我驱动下工作。

在建立之初，小米的组织结构层级只有三级：核心创始人、部门管理者、员工。小米公司的核心创始人有7位，分别坐镇产品、营销、硬件、电商等领域，彼此互不干涉。除了这些创始人有职位外，其他人都没有职位，统称为工程师，而晋升的奖励就是涨薪，员工不需要考虑其他琐事，只需要全身心地把工作做好。

小米的这种组织结构能够减少逐级汇报浪费时间，提高团队运作的效率。而小米除了每个星期一召开例会之外，其余时间很少开会，更没有季度、年度总结报告会。在小米成立的最初几年，7个核心创始人只开过少数几次集体大会，都是为了讨论产品的开发。

小米公司创始人雷军对自己的定位不是CEO，而是首席产品经理。他大部分时间都是在参加各种产品会议，每个星期还会与不同部门的同事聊天，讨论产品。小米公司很多的产品细节性问题，都是在这样的讨论中与员工一起解决的。

除了小米公司，还有很多知名企业都在向扁平化组织结构转变。美国通用电气公司曾推出"零管理层"计划，杰克·韦尔奇把减少组织层次比喻成脱毛衣。拥有8000多名员工的总装厂只有厂长和工人两个层级。而在生产的过程中，一些必需的职务也由工人轮流担任。在国内，家电行业的长虹、海尔也都从垂直的金字塔形管理结构转变为扁平形组织结构。

8.4 去中心化管理二："无边界"管理

电商团队普遍采用的是自上而下的金字塔形管理结构，这种结构有四种边界：垂直边界、水平边界、外部边界、地理边界。垂直边界是团队内部的层次和职位等级；水平边界是划分出的职能部门；外部边界是团队与客户、供应商、管制机构等外部环境的屏障；地理边界是文化、国家和市场的界限。

随着信息技术的发展，这些边界日益模糊，跨界运作成为电商团队的常态，所以团队管理也要向更灵活、更高效的方向转变，打造出无边界组织，提升团队的工作效率。

（1）跨越垂直边界

跨越垂直边界就是指打破职位等级的设置，将权力下放到基层，让基层员工有一定的自主权，能直接做决策。因此，电商团队要培养员工的领导能力，建立绩效定薪体系，激励员工主动投入工作。

（2）打破水平边界

打破水平边界要求电商团队突破各职能部门的边界，将计划、生产和客服等各部门联系在一起。这样，各职能部门在面对客户时，都是统一的形象。

（3）跨越外部边界

跨越外部边界是指推倒外部围墙，电商团队与供应商、客户、竞争者等建立联系，成为创造价值的系统，以达到共同拥有市场、共同使用资源的目标。

（4）跨越地理边界

跨越地理边界是指打破地理位置的限制，位于不同国家的部门都能相互学习，并且与当地文化相融合。

为了打破组织边界，海尔进化成平台组织者，构建出按单聚散的平台型人力资源体系，每个环节的参与者都变成了平台用户。当项目确定后，海尔会根据目标召集最优秀的人力资源组成团队，这些资源可能来自海尔内部，也可能来自海尔外部。在完成这个项目后，开始新的项目时，海尔会根据新的项目需要重新聚集相关资源。

海尔的自主经营体实行"竞单上岗，官兵互选"。每个员工都有竞争经营体长的机会，如果经营体长不能带领团队实现目标，经营体员工还可以重新选择。这样的方式打破了海尔管理者与员工的边界，实现了资源的灵活配置。

电商团队通过实现组织的无边界化，提高信息在整个组织传递、扩散和渗透的能力，进而实现各部门间的有效合作，各项工作顺利开展和完成。

8.5 困扰电商团队的交流障碍及解决方法

在电商团队去中心化管理过程中，管理者的参与程度下降，员工的参与程度大幅上升，这意味着员工的交流合作变得十分重要。但加强员工的交流合作并不是易事，因为电商团队存在四种交流障碍。

（1）缺乏信任

信任是团队保持高效的核心，也是团队运作的基础。没有信任，团队就是一盘散沙，团队协作更是无从谈起。电商团队普遍存在缺乏信任的现象，如小团体泛滥、员工各扫门前雪等。缺乏信任导致团队的交流充满障碍。

（2）惧怕冲突

冲突并不是全然无益的，积极的冲突和争论可以促使团队前进，形成良好的合作关系。但是在工作中，很多员工惧怕与管理者产生冲突。

员工会尽量避免与管理者争论，这样一来，员工发现管理者的错误也不会指出来，团队前进的方向很可能偏离正轨。

（3）逃避责任

逃避责任不仅是指员工在工作中出现问题时推诿责任，也指看到其他员工的表现有损集体利益时，不及时提醒。

（4）无视结果

管理者都希望员工为了团队的目标而不断努力，在个人目标与团队目标冲突时，也要以团队目标为先。而事实上，很多员工为了追求个人业绩、职位晋升，常会忽略提升团队绩效的机会，甚至会通过损害集体利益来成全个人利益，这是最常见的无视结果的表现。如果员工只注重个人目标而忽视团队目标，那么团队目标就难以很好地完成。

这四个障碍在许多电商团队中都存在，管理者必须解决团队的交流障碍问题，才能保证工作顺利高效地开展。总的来说，实现电商团队无障碍交流的方法主要有以下三个。

（1）加强沟通并明确沟通的目的

管理者需要为员工的沟通提供多样化的平台，同时还要明确沟通目的。沟通有明确的目的，双方就可以事先准备，从而使沟通更加高效。

（2）打造轻松、和谐的沟通氛围

为实现更好的沟通，管理者需要与员工在轻松、和谐的氛围中进行沟通，同时为员工间的沟通营造和谐的氛围。例如，管理者可以通过组织各种团建活动为员工提供良好的沟通平台，让员工在更轻松、和谐的氛围里实现沟通。

（3）提高团队成员彼此间的信任度

信任是电商团队凝聚力的基础，也是员工间进行沟通的基础，没有信任的沟通只会让员工之间的矛盾越积越深。

管理者信任员工，就会愿意适当放权，给员工更多历练的机会，员工也会更加信任管理者，从而努力工作。同时，如果员工彼此信任，就不会随意猜忌，员工间的沟通也会更加真诚、和谐。

管理者做好与员工的交流沟通，同时为员工间的沟通提供更多的机会，能够保证团队内信息的通畅、透明。信息的上传下达更加高效，有利于提高员工的执行力和工作效率，也能够为管理者的管理工作提供便利。

8.6 案例：如何用去中心化管理塑造电商"神话"

企业的人才管理和任用往往决定了这个企业的成败。许多企业为了适应互联网时代，纷纷进行组织结构变革，其变革的方向就是去中心化，即裁撤冗员，提高企业效率。截至2019年3月，京东已拥有17.9万名正式员工，它是如何通过组织结构变革，克服大企业问题，化身"尖刀部队"的呢？为了更好地吸引、留住人才，京东在管理方面遵循5个原则。

（1）能力和价值观原则

京东根据能力和价值观与公司岗位的匹配程度，为每个员工绘制了表格，据此来决定员工的去留以及能胜任的岗位，如表8-1所示。

表8-1　员工能力与价值观表格

员工	能力	价值观	去/留	岗位
1	低	匹配	留	内部观察转岗
2	低	不匹配	去	
3	高	不匹配	去	
4	高	匹配	留	核心技术人员、管理人员

（2）ABC原则

京东内部实行两级人事权，即C向B汇报，B向A汇报。而C的招聘、晋升、涨薪、辞退等一系列人事决定，由A和B共同决定。例如，京东的副总裁只能向下管理到总监一级，而总监以下的级别不属于其管辖范围。这种方法很好地避免了越级管理，减少了管理决策失误。

（3）8150原则

"8"是指每个管理者的直属下级不得少于8人，如果少于8人，就裁撤一个管理层级，直到满足8人的限制为止。"15"是指如果管理者的直属下级没有超过15人，就不会再设置另一个管理者。"50"是指只有基层员工超过50人时，才能设立小组长。很多大企业的结构都是"总监—经理—主管—员工"，如图8-1所示。

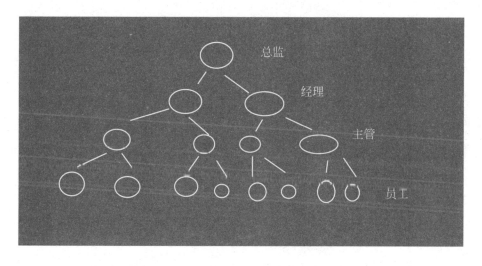

图8-1 普通大企业的组织结构

按照京东的"8150"原则，图8-1中的经理和主管两个管理层级需要裁撤掉，员工直接向总监汇报即可。这样做可以精简工作流程，充分体现去中心化原则，上传下达更为简便。

（4）拖一带二原则

拖一带二原则即一名管理者入职京东时，最多可以带两名下属，京东在招聘时不接受多人团队加入。如果一名管理者加入京东，带来了自己原有的团队，那他随时可以把这支团队带走。

（5）备份原则

备份原则即每一名管理者在一年内，必须培养一个继任者。每名管理者都要在公司有一个"备份"，如果一名管理者离职，则继任者可以马上接其工作，这能够避免公司的部分工作陷入瘫痪状态。

京东的管理模式充分体现了去中心化的思维，首先，公司不是总裁的"一言堂"，总裁的职权集中在管理层的上层，可以为公司制定战略、管理高层员工，却没有权力左右一线员工的决策，极大地减少了决策失误。其次，管理层级的精简保证了上传下达的效率，决策信息不会在"路上"耽误太久。最后，公司从管理者到员工都不具有"唯一性"，也就是说任何一个人出问题了，都不会影响公司的正常运转，保证了公司的稳定性。

流程化管理——
流程能够提高电商团队的
效益

电商团队的工作具有很大的重复性，因此，流程化的管理是十分必要的。流程化管理可以帮助电商团队科学化运转，使各环节更加高效，从而提高电商团队的效益。电商团队该如何进行流程化管理？这需要管理者掌握制定业务流程的技巧，同时根据不同的工作内容，有针对性地制定不同的流程。

9.1 电商团队为什么要进行流程化管理

企业中有一种很常见的思想，叫作权本位观念，这种观念广泛存在于中小型企业。中小型企业的流程与制度相对不健全，管理者既是企业的所有者又是企业的决策者，管理者的个人能力决定着企业的生死，如果管理者独断专行，就会对企业的发展造成极大阻碍。

很多电商团队管理者也存在权本位观念，管理者掌握着员工的"生死"，这就导致团队内部等级观念盛行，缺少流程管理意识，管理者习惯于高高在上发号施令，不利于团队的健康发展。为了解决这一问题，管理者必须要对电商团队进行流程化管理，在开展流程化管理方面，管理者要做好以下两个方面。

（1）制定基于流程的绩效考核及晋升机制，能者上，平者让，庸者下

员工的职位升迁、奖金分配以及考核都依赖于绩效考核体系。绩效

考核体系是否合理和人性化，直接影响员工的工作效率。实施绩效考核制度有助于员工把精力集中到真正重要的事情上，也可以使员工的权本位观念向能力本位观念转化。

（2）制定符合电商团队现状的流程，并严格遵守

流程管理的最终目的是实现电商团队的科学运转，帮助员工正确、高效地工作，从而实现团队经济效益最大化。实现这个目标的前提是工作流程本身科学合理。这要求管理者在制定流程时，立足团队现状，一切从实际出发，制定出符合团队实际情况的工作流程，并严格按照制定好的流程进行管理活动。

电商团队只有形成高效、合理的管理流程并严格执行，才能保证流程贯彻到底、执行到位，不再出现权本位观念，保障团队的高效运营。

9.2 电商管理者如何实现流程化管理

电商团队想要发展壮大，实现流程化管理是十分有必要的。一些人认为团队管理靠制度就可以了，但制度是管理员工的，并不能保证工作可以按时按质完成，而流程化管理可以确保工作的完成。管理者如何实现流程化管理？电商团队的流程化管理主要包括流程制定、流程执行、流程评估和流程改进四部分，管理者要想做好流程化管理，就必须对这四个部分足够的重视。

（1）流程制定

在流程制定的过程中，管理者首先要明确流程制定的目的，包括管理稳定、规范运作、控制风险、实现业务目标等。管理者要在业务目标的指导下，分析风险并制定有利于管理稳定、规范运作和推动业务目标早日实现的流程。

其次，管理者要明确流程的层级类别。通常，电商团队的流程类别分为三类：战略类流程，促进电商团队战略目标达成的流程；营运类流程，指导各部门运作的流程；支持性流程，为电商团队运作提供支持和保障的流程。

最后，管理者在制定流程时要做到各要素在流程内同步流动，包括工作任务、职责、目标、绩效指标、时间、资源、信息等。只有这几个流程管理要素同步流动，才能保证业务流程的高效运转。

（2）流程执行

业务流程需要执行才能发挥作用，重点在于执行的效率和效果。效率是指在实现目标的过程中耗费资源和所完成工作量的比例，效果是指目标的完成情况。管理者必须保证业务流程被切实贯彻执行。

（3）流程评估

评估是电商团队对业务流程进行检验的机会，管理者要想完成良好有效的评估就必须建立有效、公正、公开的评估机制。

（4）流程改进

管理者需要在执行流程和评估流程的过程中不断积极改进流程，这是电商团队保持竞争力的重要途径。业务流程的改进必须注重创新和突破，只有这样，电商团队才不会被时代所抛弃。

总而言之，管理者要想实现流程化管理，必须逐一、仔细地分析各部门和各岗位的流程环节，根据这些环节做出流程图并生成报告，通过会议讨论改进流程的疏漏，并且在应用过程中不断检验和优化流程，最终打造出完善的流程化管理模式。

9.3 制定业务流程的七个技巧

业务流程是影响电商团队发展的重要因素，高效的业务流程可以保证电商团队的有序运转。很多电商团队都花费大量的人力物力制定业务流程方案，但实际操作起来却出现了不少问题。怎样才能制定出行之有效的业务流程？管理者在制定业务流程时需要掌握以下七个技巧。

（1）流程的制定必须以实际为基础

立足于实际是制定业务流程的基础，许多管理者设计出来的业务流程难以执行的原因就是脱离实际。管理者以事实为基础进行设计，才能制定出实用性强的业务流程，才能积极地推动电商团队的发展。

（2）进行业务分析

进行业务分析是制定业务流程的前提，业务流程以业务为核心，管理者在制定业务流程之前，必须对每项业务涉及的流程进行全面仔细的分析，不仅要分析当下流程设计的业务，还要分析该业务与其他业务的关联。管理者在分析时，要做到根据每一项业务的特点为其建立最合适的管理标准。业务分析可以帮助管理者确定业务流程的具体环节，保证业务流程的整体性。

（3）具备流程六要素

业务流程包含六个要素，即活动、活动间的逻辑关系、活动的实现方式、活动中的承担者、客户、价值。其中，活动是流程的基本要素；活动间的逻辑关系包括反馈、串行和并行这三种关系；价值包括流程的整体价值和流程中某一活动的价值。管理者在制定业务流程时必须把握好这六个要素，才能使业务流程更加有效。

（4）明确流程中的主业务和支业务

主业务是指业务流程的整体目标，其规定了业务范围，具有全局性和整体性，是整个电商团队或某一部门的发展大方向。支业务是指将业务流程分解细化出的小目标。例如，客服接待流程的主业务是接待客户、解答客户问题，而支业务则是向客户推荐各种优惠活动，促进客户消费。

（5）把握关键问题

管理者在制定业务流程时，一定要把握好关于流程的几个关键问题，包括流程的起点和终点、整个流程的参与者、流程中涉及的活动有哪些、哪些活动是必要的、哪些活动是非必要的、整个流程的耗时、流程的目标等。除了业务本身，制定业务流程还涉及方方面面的问题。管理者只有逐一解决上述关键性问题，才能制定出更合理的业务流程。

（6）可操作性

可操作性是保证业务流程顺利执行的关键。只有可操作性强的业务流程，才能正确指导员工。

（7）把握业务流程的六大特性

要想制定出科学合理的业务流程，管理者需要先了解完善的业务流程应该具有以下六个特性，根据这些特性制定业务流程。

① 整体性：不同的业务流程要有统一理念。

② 普遍性：业务流程应该包含电商团队业务的方方面面。

③ 结构性：业务流程要以串联或并联等形式呈现。

④ 动态性：业务流程要随着团队的发展状况不断调整。

⑤ 层次性：业务流程需要按层级划分，明确主业务和支业务。

⑥ 目标性：业务流程要有总目标，同时各个环节也要有相应的小目标。

借鉴以上七种制定业务流程的技巧，管理者可以科学合理地制定出行之有效的业务流程。另外，管理者要根据现有流程实施的情况和电商团队发展的状况不断改进业务流程，以便让业务流程长期为电商团队服务。

9.4 流程化管理的两个注意事项

电商团队管理者在进行团队流程化管理时有两个需要特别注意的事项，分别是业务流程的评估和业务流程的优化。

（1）做好评估：掌握四个阶段

为了保证评估的效果，电商团队的流程评估需要按照一定的步骤，大致分为四个阶段：选择、描述、提炼、评估。

① 选择：选择流程评估对象

电商团队的每个部门都有各自的业务流程，如生产流程、销售流程、采购流程、招聘流程等，但不是所有流程都可以作为评估对象，管理者需要根据业务或管理的特点，选取关键流程或流程中的关键环节作为评估对象。

电商团队可作为评估对象的流程有：与团队核心业务或核心竞争力有关的流程；相对成熟度较低，相关执行人员、管理人员能力较低的流程；其他一些重要程度高、绩效波动大、容易发生问题的流程。

② 描述：描述流程评估对象

描述流程评估对象的方法是绘制流程图，流程图能清晰地展示出各环节的负责岗位。管理者在描述流程评估对象时要遵循4个原则：一是描述的根本目的是真实还原流程运行现状；二是标明每个流程的负责岗位；三是流程描述的内容包括流程的目标与执行范围；四是流程工具应简单规范、功能详尽，以便后期对流程进行修改、管理。

③ 提炼：提炼评估指标

管理者要根据电商团队实际的运作情况提炼出相关指标，了解流程的状态，监控及分析流程的运行状况。管理者在提炼流程评估指标时，要遵循5个原则，即科学性原则、系统优化原则、通用可比原则、实用性原则和目标导向原则。

④ 评估流程现状

在提炼出流程评估指标后，管理者需要收集相关指标数据，评估流程现状。通过对流程指标数据的横向及纵向的比较，管理者可以详细分析流程变化的原因，深入调查是哪一环节出现了问题，探寻问题的根源，提出相应的解决思路。

（2）不断优化：重其神轻其形

流程优化的具体方法是在很多项目成功或失败的基础上提炼出来的，既来源于实践又服务于实践，具有很强的实用性和通用性。每一个项目都有其特性，所要解决的问题的性质、严重程度、难度、目标，管理团队的特定需求等都不相同，因此，流程优化并不需要严格按照固定的步骤进行，管理者可以根据具体项目的特性灵活变通，重其神轻其形，从内在出发优化业务流程。

在流程优化之前，管理者需要考虑问题产生的背景、团队的设置、问题背后的需求、团队的计划、团队的预备措施等因素，这些因素会导致相同的优化方法最终产生不同的优化效果。流程优化方法从整体来看，只是框架，更强调解决思路的完整性和通用性。具体到项目，管理者需要在流程优化方法的基础上灵活变通，根据实际情况改变策略。

9.5 采购流程制定

在电商团队的采购方面，很多管理者经常任人唯亲。这种做法使得电商团队的采购工作缺少严格的流程控制，采购流程混乱，不仅工作效率低，还容易产生疏漏。管理者应该如何解决采购流程混乱的问题？

（1）制定详细的采购流程

在实施流程管理后，员工的执行力都得到了大幅提高，但一个新问题随之出现：各项工作之间缺少良好的衔接，一些环节遗漏，整个流程的运行脱节。

采购流程同样如此，如果各个环节不能有效衔接，就很容易出现采购人员从中牟利的情况。对此，管理者需要制定明确的采购流程，例如，任何部门需要采购物资时，都需要向管理者提交申请，申请审批后，清单交由采购部门采购，同时财务部门需要对采购支出进行审核，并将审核结果提交给管理者。采购流程制定好之后，各部门需要严格按照流程来安排采购工作,以此解决运行脱节的问题。

(2)通过流程管理有效分权

管理者可以将采购中的各项工作分解到各部门,同时规定只有采购部门有权与供应商接触。例如,财务部门负责价格审定,采购部门负责数量统计,品管部门负责质量检查,仓储部门负责物资入库。这样一来,采购工作与每个部门都产生了联系,采购部门没有定价权和检验权,无法对供应商产生决定性的影响,而其他部门不能接触供应商,权力分散,采购流程更加合理。

以某公司采购电脑为例。管理者在对团队的运营情况进行调查时,发现很多员工都在抱怨公司的电脑经常死机、质量差。随即,管理者安排技术人员对部分电脑进行了抽检,发现部分电脑配置很低,不符合公司要求。在了解到这一情况后,管理者马上对行政部门进行调查。原来,公司并没有设立专门的采购部门,而是由行政部门负责电脑采购,具体流程如图9-1所示。

各部门提交　　　行政部门根据　　　供应商送货到　　　行政部门通知
申请审批单　　　审批单采购　　　　行政部门　　　　各部门领用

图9-1　行政部采购电脑的具体流程

公司没有专门的采购部门,也没有专门的检验人员负责检查送来的电脑,所有的采购工作均由行政部门管理者决定,这导致行政部门管理者与供应商联手以次充好,克扣公司的采购经费。

电商公司之所以没有设立专门的采购部门，是因为公司最初的电脑采购权限不明确，办公室、信息技术部、资产管理部门都有采购电脑的权限。办公室认为电脑是办公用品，应由办公室负责采购；信息技术部门认为电脑属于IT（Information Technology，信息技术）资产，应由信息技术部门负责采购；资产管理部门认为电脑是固定资产，应由资产管理部门负责采购。为了解决三个部门的争端，公司最终决定电脑采购权交给行政部门，又因为公司没有安排检验人员，采购流程混乱，行政部门管理者得以以次充好。

这个案例说明如果没有明确的职责划分和详细的采购流程，则极易滋生腐败问题。因此，电商团队管理者一定要设置严格的管控流程，分散权力，杜绝这类问题的出现。

9.6 订单管理流程制定

订单越来越多，对电商团队订单管理的效率提出了新的要求。完善的订单管理流程可以有效提高效率，使电商团队更高效的运作，其优势主要表现在以下几个方面。

（1）简化订单履行流程，提高效率

完善的订单管理流程中的每个环节都是合理且必要的，削减不必要的环节，订单履行过程更加流畅、高效。

（2）资源配置更加合理

订单管理流程不仅可以在接收订单后向客户反馈库存信息，让客户在下单时及时获知库存情况，还可以根据客户级别、订单紧要情况、各地库存数量等对资源进行调配。

（3）避免订单出现疏漏

例如，某客户在网店买了产品，三天后发现还未发货，询问过客服才发现是漏发了。客户非常生气，立即退了款。如果这家网店有一套完整的订单管理流程，就能及时发现漏发的情况，避免上述问题的发生。

订单管理流程涉及订单生成、订单支付、订单审核、订单生产、订单配送、订单完成这些环节，如图9-2所示。电商团队管理者必须在每一个环节都加强监督，确保环节间流畅衔接，执行过程快速高效，以保证迅速解决突发问题。

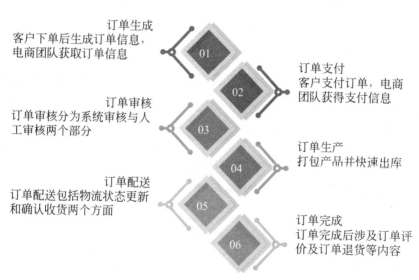

图 9-2　订单管理流程

同时，电商团队管理者还要注意各种订单信息的汇总，包括历史销售订单、未完成的订单、订单中出现的问题等。这样的汇总有利于直观地了解电商团队的成绩与问题。

9.7 仓储发货流程制定

仓储发货是电商团队物流环节的重要组成部分。仓储发货流程标准化可以提高电商团队的工作效率，降低物流成本。制定完善的仓储发货流程对电商团队的管理具有重要意义，其优势主要表现在以下几个方面。

（1）提高效率

电商团队每天的交易量非常巨大，许多电商团队为了提高服务质量会安排当天发货，这无疑为仓储发货增加了难度。完善的仓储发货流程可以让发货的每一步都更加规范，接收订单、分拣配货、复核封箱都可以按照固定的流程有序进行，不会因为彼此衔接不当而延长发货时间。

（2）工作分工明细、责任明确

完善的仓储发货流程，发货环节明确，员工的分工明确。每个员工都知道自己的任务和职责，这样就会减少因为职责不明而产生的相互推诿等情况，一定程度上提高了员工的工作效率。

（3）提高了仓库利用率

仓库利用率是评价仓库管理质量的重要指标，直接影响仓储的运营效益。合理的仓储发货流程能够提高仓储发货的效率，使仓库内货物的存放周期变短，仓库能够存放更多的货物，提高仓库利用率。

管理者该如何建立完善的仓储发货流程呢？如图9-3所示。

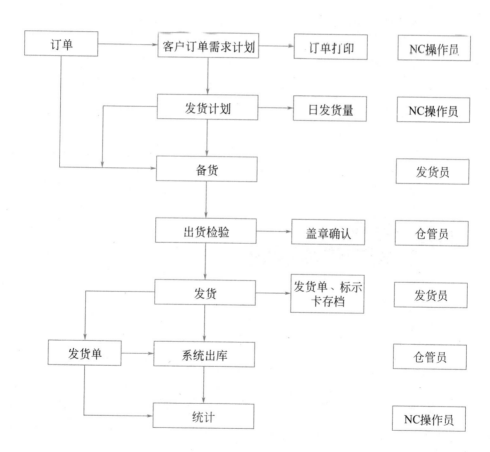

图9-3 仓储发货流程

完善的仓储发货流程是由三种不同职责的员工共同运作的，分别是NC（Numerical Control，数字控制）操作员、仓管员和发货员。

① NC操作员：负责线上线下订单的对接工作，接收订单并根据客户要求打印订单，联系物流人员发货，每天统计出货和入库的数据。

② 仓管员：协助NC操作员备货和拣货，统计出库和入库的货物数量，当天的纸质单据存档。

③ 发货员：协助NC操作员和仓管员整理和包装货物。

仓储发货流程中的工作人员不仅要做好发货工作，还要及时将信息反馈给线上线下的工作人员，随时配合其他部门员工处理物流售后问题。管理者在制定仓储发货流程时，要明确员工的职责，并注重员工的沟通与协作。

9.8 分销
管理流程制定

分销管理是对销售渠道的管理。完整的分销过程包含若干方面的工作，如制订营销计划、库存管理、运输、收款等。

优秀的电商团队必须有一套完善的分销管理流程。一些规模较大、发展势头良好的电商团队一般都会有分销商，分销商是电商团队与客户的中间商，是电商团队销售产品的重要阵地，及时了解分销商的运作情况，有利于电商团队调整销售策略。对此，分销管理流程可以帮助电商团队有效管理分销商和各个销售渠道，及时反馈销售情况。

在自动录入系统未普及、依靠人工录入信息的时代，电商团队很难了解分销商的具体运营情况。例如，电商团队不了解分销商的销售情况，库存的信息更新不及时，可能会出现缺货或库存积压的问题，不利于电商团队的健康发展。

分销管理不善，电商团队就无法得到准确的客户信息和市场需求信息，管理者的决策缺乏准确数据的指导，不符合实际的决策会制约电商团队的发展。如果电商团队有一套完善的分销管理流程，就会具备较强的资源调控能力，从而有效安排库存，实现产品的合理销售。

很多电商团队不只有网店，还有线下实体店。大部分电商团队存在线上线下各自为政的情况，销售渠道分散、管理成本增加、团队内部恶意竞争、资源浪费等问题都制约电商团队的发展。另外，线上线下价格、促销内容的不同也导致客户的购物体验存在差异，割裂了线上线下两种销售渠道。而完善的分销管理流程可以整合线上与线下，使线上线下产品的价格和促销活动等保持一致，有利于提高客户购物体验。

管理者在制定分销管理流程时需要注意以下几点。

（1）处理好和客户的关系

电商团队发展分销商的目的是快速打开市场，提升市场占有率和客户覆盖率。但随着分销商的增多，服务质量会出现差异，这会严重影响电商团队的客户满意度。因此，处理客户关系问题就成了制定分销管理流程的第一个重点。

为解决这一问题，很多电商团队都会建立客户服务中心，把控与客户的联系。客户服务中心负责处理客户日常遇到的问题，同时也为各个分销商提供技术支持。这样不仅可以统一管理客户，避免差异服务，还能让客户接受更专业的服务，提升品牌形象。

（2）始终保持品牌推广

电商团队制定分销管理流程是为了形成一致的服务口碑、销售价格、配送服务，从而形成品牌，然后再通过分销商扩大品牌的影响力。电商团队的品牌建设不是易事，销售过程和售后服务等都是影响品牌建设的因素。因此，管理者在建立分销管理流程时，不仅要关注产品销量，还要关注品牌推广的状况。

（3）提升团队及分销商的销售和服务能力

提升团队及分销商的销售和服务能力也是管理者在制定分销管理流程时需要考虑的因素。团队中的内部恶意竞争、管理人员冗余等问题非常不利于分销管理，因此，管理者必须重视团队内部的问题，及时沟通，及时解决，提升团队整体的执行力。

9.9 客户
管理流程制定

管理者制定客户管理流程需要把握两个步骤：一是客户画像管理；二是客户转化管理。客户画像是客户转化的前提，客户转化是客户画像的目的。

（1）客户画像管理：数据建模与会员管理系统

无论是为客户提供产品还是服务，都需要为客户画像。准确、完整的客户画像是电商团队赖以生存的法宝。数据建模是客户画像管理的常用方法，在使用此方法时管理者需要对客户行为进行分析。

管理者如何根据客户行为构建出数据模型？首先，管理者需要构建一个事件模型，包括时间、地点、人物三个要素。然后，管理者需要对每一次客户行为总结为：什么客户，什么时间，什么地点，做了什么事。

① 什么客户：这一步主要是标识客户，区分客户。在标识客户时，管理者可以采取以下几种方式，如表9-1所示。

表9-1　客户标识方式

客户标识方式	优势	局限性
注册 ID（Identity Document，身份标识号码）	客户在登录网站时都会注册 ID，是最常见的客户标识方式	客户注册网站的意愿越来越低，电商团队需要投入大量的宣传推广成本
微博、微信、QQ	业内共识的第三方登录 ID，标识具有准确性及持久性	较难获取，视客户的意愿而定
手机号	移动端最精准的标识	
身份证	最官方的标识	

客户标识方式有很多，管理者在使用不同的标识方式时，除了考虑其优势外，也要考虑其局限性。

② 什么时间：时间戳和时间长度是这一步的两个重要信息。时间戳

是指客户行为的时间点，通常精确到秒。时间长度是指客户在某一页面停留的时间。

③ 什么地点：这一步主要是找到客户接触点，包括网址和内容两层信息。网址即每一个URL（Uniform Resource Locator，统一资源定位符）链接定位一个互联网页面或某个产品的特定页面。例如，某电商网站的页面，手机上的微博、微信等应用的某个功能页面。内容即每个URL网址中的内容。例如，某一产品的相关信息，包括类别、品牌、描述、属性等。

④ 做了什么事：这一步主要是判断客户的行为类型。以电商为例，客户常见的行为有浏览、添加购物车、搜索、购买、收藏等。行为类型对应的标签信息具有不同的权重。

综上所述，客户画像的数据模型有具体的公式，即"客户标识＋时间＋行为类型＋接触点"，管理者需要按这个公式为客户打上相应的标签。

数据建模的结果最终要落到实处，让所有客户画像输出的标签都能通过某种渠道抵达客户群。以会员管理系统为例，电商团队通过会员管理系统记录客户的信息，会员无论是在线上小程序、商城，还是在线下实体店购物，其消费数据都会被会员管理系统收集起来，自动生成图表。管理者通过这些数据，可以分析出客户的偏好等信息，以便根据客户的偏好为其提供有针对性的服务，实现实时快速的会员管理。

（2）客户转化管理：漏斗模型与转化分析

漏斗模型是流程式数据分析模型，能科学地反映客户的行为状态、各阶段的转化率，能够直观地表明每一流程的问题。漏斗模型已广泛应用于流量监控、产品目标转化等日常数据运营与数据分析的工作中。

管理者可以用漏斗模型对总体转化率、各个环节的转化率进行评估，并结合其他数据分析模型进一步分析客户行为，找到客户流失的原因，以提升客户数量、活跃度、留存率。

在漏斗分析模型中，有两个非常重要的环节：一是科学归因；二是属性关联。在漏斗模型中，管理者应根据事件转化作用的大小科学设置转化节点。很多电商团队都想要给出最佳的客户购买路径，而实际上，业务流程的转化并不简单。

以市场营销为例，市场活动、线上运营、社交软件营销等都可能触发客户的购买行为。例如，某顾客想选购一款化妆品，她通过朋友介绍了解了一款产品，然后又通过搜索引擎、贴吧等了解了更多的产品信息，但始终没有下定决心购买。之后该顾客收到这款产品的促销信息，她被促销信息及客户评价所吸引，直接通过信息内的跳转链接购买了该产品。

在这个案例中，如果以实际促成转化的事件为准，促销信息就是该客户转化的"因"，因为它在客户购买决策的全流程中对客户影响最大，直接促成客户转化。

在定义"转化"时，转化的前后步骤需具有相同的属性。例如，同一ID才能作为转化条件，客户浏览iphone11，并购买同一款iphone11才能被定义为一次转化。因此，"属性关联"的设置是漏斗分析不可或缺的内容。

以电商营销场景为例，在分析电商的转化时，管理者需要做的是监控每个层级上的客户转化，找每个层级的可优化点，电商的漏斗模型如图9-4所示。另外还有一些没有按照流程操作的客户，管理者要专门绘制他们的转化模型，缩短客户购买路径，提升客户体验。

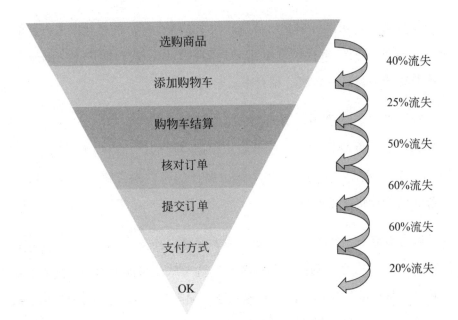

图 9-4　电商的漏斗模型

如图9-4所示，随着购买过程的推进，每一层都会出现客户流失，假设浏览产品的有300个客户，到最后完成购买的可能只有几个人。管理者要做的就是通过漏斗模型分析客户转化，根据每一层的流失率考虑阻碍客户成功购买的原因以及流失的客户去了哪里，然后制定相应的改进方案，实现高效的客户转化管理。

9.10 案例：电商团队
用流程化管理提升运营效率

在信息全球化和互联网快速发展的背景下，客户对电信业务的需求也变得多样化。电子渠道成为通信行业主要的服务渠道。积极发展电子渠道和通信产品电商化是时代的趋势，也是传统企业互联网化转型的重要手段。在这种形势下，中国电信广东公司将通信产品电商化运营，并通过流程化管理提升了运营效率。

中国电信广东公司以"去电信化，做真电商"为转型思路，提出了通信产品电商化转型的运营理念，并且在实践中实现了全流程化管理。其在电商化转型中融合了电商和电信的优势，实现了企业内部电商的流程化运营，创立了线上展示线下购买的O2O（Online to Offline，线上到线下）电商模式。中国电信广东公司通过流程化打通各渠道，实现了只要是有网络的地方，客户就能通过电子商城购买产品。

中国电信广东公司电商化转型过程中，创新的理念主要表现在以下几个方面。

（1）重组电商核心流程，打造特色的电商化运营流程

中国电信广东公司根据电信业务的特征，实现了电商流程与电信流程的结合，打造了全新的通信产品电商化运营流程。中国电信广东公司在12个月内打通了12项核心流程，形成了49项流程化的电商生产体系链，并在此基础上制定了多项运营规范，全面实现了运营商电商流程化运作。

（2）推行市场化创新方法，建立激励多样化的电商化运营团队

中国电信广东公司积极尝试市场化创新方法，一方面在淘宝、天猫等平台上开设自营的官方旗舰店，引入外部运营团队。另一方面，坚持

以效益为目标，尝试团队竞标制度，做到了资源投入与产出的精确挂钩。

（3）打造一体化电商平台，无缝对接主流电商

中国电信广东公司结合电信业务和电商运营的特点，实现了集约运营的电信B2C（Business to Consumer，企业直接面向客户销售产品或服务的销售模式）网上销售，以及工单自动处理、仓储扫描分拣等全程自动化的运作。另外，中国电信广东公司还实现了与淘宝、京东等电商平台的无缝对接，提高了电信业务的销售能力，增加了与客户的接触面。

（4）打造差异化和的创新产品，设计个性化、自主化产品体系

中国电信广东公司围绕客户的需求做终端，设计个性化、自主化的产品体系，推行客户定制手机以及客户自由组合套餐等产品，甚至将优惠定价权也交给客户，规避了不良价格竞争，提升了客户满意度。

（5）利用流程化整合内外渠道资源，引入新兴电商促销模式

中国电信广东公司根据流程化管理得出市场需求，引入了脉冲式促销、借势营销、C2B（Customer to Business，即客户到企业）营销等多种促销方式，满足不同客户的多样化需求。在与各大电商平台的合作中提升中国电信在电商领域的影响力。

中国电信广东公司打造的通信产品电商化转型的运营体系，是根据电信业务和电商运营的特点而设计的，它打通了电商运作必备的流程，在实践中不断优化，最终取得了巨大成功。

绩效考核——
电商团队要发展，绩效考核
少不了

员工管理也是影响电商团队发展的重要因素，如果管理者管理不善，就会导致团队亏损甚至破产。正所谓没有规矩不成方圆，有规则约束的团队，才能同心聚力，创造佳绩。

绩效考核可以推动员工更高效地工作，是员工管理的常用方法。电商团队管理者在利用绩效考核管理员工时，必须掌握绩效考核体系的流程和方法，同时要注意灵活变通，对不同职位的员工使用不同的考核方法，以保证绩效考核制度成为电商团队良性发展的保障。

10.1 建立绩效考核体系：提取指标＋正式执行

管理者若想建立绩效考核体系，先要了解建立考核体系的两大步骤，分别是提取指标和正式执行。

（1）提取指标

管理学大师彼得·德鲁克在《管理的实践》一书中说："当管理者确定了组织目标后，必须对其进行有效分解，转变成各个部门以及个人的分目标。"以电商团队为例，绩效指标自上而下分解一共需要五个步骤。

① 制定目标。管理者应该先根据团队总体战略制定团队的长期目标，作为电商团队努力的大方向。在制定电商团队的长期目标时，管理者应仔细分析电商团队此前的目标、市场的变动、人员构成、发展目标等因素，制定出科学合理的长期目标。

② 目标分解。有了长期目标以后，管理者需要进一步把长期目标分解成短期目标，然后把团队的总体目标分解到每个部门，进而分解到每个员工身上，以保证目标可以顺利完成。目标分解有两步：一是按时间纵向分解，即把长期目标分解为短期，分解为年度目标、季度目标、月度目标；二是按部门横向分解，即把团队的目标分解到部门，把部门的目标分解到员工。

③ 制订计划。管理者需要根据目标制订出相应的工作计划，包括电商团队总体的工作计划、部门的工作计划和员工个人的工作计划。有了工作计划，目标才能得到有效实施。

④ 制定预算。管理者需要为目标的实现制定预算，目标的实现离不开相关资源的支持，这些资源就是实现目标的预算。再完美的目标和计划，离开预算是无法实现的，目标和计划要在预算的基础上制定。

⑤ 提取指标。绩效考核主要是对工作计划实施过程的监控，通过控制工作计划实施的过程实现目标。因此，绩效考核指标要根据分解后的工作计划提取，工作计划是什么就考核什么。指标完成了，工作计划也就达成了，工作计划达成了，目标自然就实现了。

（2）正式执行

提取绩效指标后，下一步是执行，即要求员工按照指标完成个人目标。在这个过程中，管理者需要加强对员工工作的监督，时刻保持与员工的沟通，及时发现员工工作中存在的问题，为员工的工作提供必要的帮助，确保员工能够完成个人目标。在绩效执行的过程中，员工成绩的好坏与管理者的辅导密切相关。如果管理者能够为员工提供帮助，及时帮助员工解决工作中的问题，那么员工绩效考核就更容易取得良好的成绩。

在绩效执行的过程中，员工与管理者都是主要的参与者。员工是绩效的直接执行者，对绩效效果的好坏负有主要责任。管理者负责对员工进行绩效辅导，帮助员工完成绩效目标，对绩效效果的好坏负有间接责任。管理者要明确自己的责任，为员工的工作提供及时、有效的辅导，帮助员工提升绩效。

10.2 绩效考核方法一：KPI考核法

KPI（Key Performance Indication）即关键绩效指标，是将电商团队工作中的关键参数进行设定、提取、计算、分析，进而量化出的绩效指标。合理的KPI考核体系可以使团队的绩效考核更有效。

管理者可以运用鱼骨分析法建立KPI考核体系，从工作要求、时间节点上对KPI进行量化。在使用这种分析方法时首先要找出关键问题，然后找出影响关键问题的各方面因素，并将它们与关键问题一起，按照逻辑顺序整理成主次分明、条理清晰的图形，该图形形状类似鱼骨，所以叫鱼骨分析法。鱼骨分析法是一种发现问题根本原因的方法，其特点是简便有效，可以帮助管理者有效分析工作中的问题，如图10-1所示。

管理者该如何运用鱼骨分析法来建立KPI考核体系呢？需要遵循以下三个步骤。

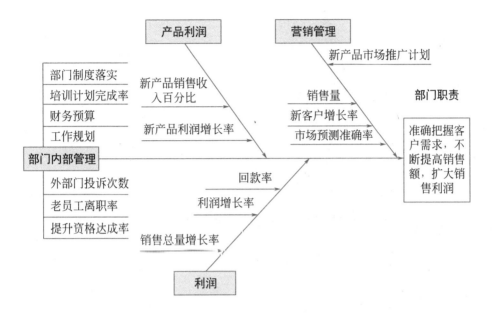

图10-1 某电商团队销售部门的KPI鱼骨图

第一步，确定"鱼头"的问题。"鱼头"的问题是指电商团队建立 KPI考核体系的根本目的，也就是团队的总目标。

第二步，找出相关影响因素。相关影响因素是指完成这个绩效考核 目标需要做的准备以及需要注意的问题等，管理者需要把这些影响因素 一一列举出，分类归纳。

第三步，进一步分解关键因素。管理者需要找出那些真正影响电商 团队运营的因素，对模块进行细化，以确定KPI各要素。

在运用鱼骨分析法建立KPI绩效考核指标体系时，管理者需要对各 个要素进行筛选，因为不是每一个影响鱼头的因素，都必须要罗列在鱼 骨中。其筛选的标准就是有效性，如果某个因素确实对整体目标有作用， 那么它就可以作为一个KPI要素。同时，管理者还要从客观角度出发确定

KPI要素，避免单纯的主观猜想。

有些部门的工作不容易量化，如人力资源部门、财务部门等，其岗位职责缺乏数据表达的绩效指标，产出结果也会根据职能不同而有所不同。对这些工作难以量化的部门，管理者可以从工作要求、时间节点上对工作进行细化，以细化的指标作为KPI考核的指标。

10.3 绩效考核方法二：360度考核法

360度考核法是一种常见的绩效考核方法，其特点是考核维度多元化。360度考核是指由与被考核者有较多工作接触、对其工作表现比较了解的不同方面的人员，从不同的角度对被考核者进行绩效评估，从而得出一个综合性的评估结果。360度考核中的考核者包括被考核者的上级管理者、属下、同事、客户等，多方面的评价使得被考核者的绩效能够获得全方位的评估，考核结果也更加客观、公正。

从实践来看，360度考核的考核结果如何，在很大程度上取决于考核者考核的客观性，因为评价本身就带有一定的主观性，而每个人的好恶不同，会导致评价的结果可能具有个人倾向性。对此，管理者可以通过360度考核的考核结果规划员工的职业发展，而不应将其作为员工薪酬调整、职位晋升的依据。

在应用360度考核法时，考核者需要根据对被考核者的了解作出评判，填写问卷。问卷内容分为两种：一种是等级量表，让考核者根据考核项目为被考核者打分；另一种是开放式问题，让考核者写出对被考核者的评价。问卷内容一般都是比较共性的行为，也包括一些开放性问题。360度考核表如表10-1所示。

表10-1　360度考核表

评价因素	评价要点	评价尺度				
		优	良	中	可	差
工作态度	1. 把工作放在第一位，努力工作 2. 对工作持积极态度 3. 忠于职守、坚守岗位 4. 对属下的过失勇于承担责任	14	12	10	8	6
业务工作	1. 正确理解工作内容，制订适当的工作计划 2. 按照属下的能力和个性合理分配工作 3. 及时与有关部门进行必要的工作联系 4. 在工作中始终保持协作态度，顺利推动工作	14	12	10	8	6
管理监督	1. 善于放手让属下工作，鼓励属下之间的协作 2. 十分注意生产现场的安全卫生和整理整顿工作 3. 妥善处理工作中的失败和临时追加的工作任务	14	12	10	8	6
指导协调	1. 主动努力改善工作和提高效率 2. 积极训练、教育属下，提高他们的技能和素质 3. 注意进行目标管理，使工作协调进行	14	12	10	8	6
工作效果	1. 工作方法正确，时间和费用使用的合理有效 2. 工作成绩达到预期目标或计划要求 3. 工作总结汇报准确真实	14	12	10	8	6
考核结果	1. 通过以上各项的评分，该员工的综合得分是：_____分 2. 该员工应处十的等级是 [ ]A　[ ]B　[ ]C　[ ]D 　A：240分以上　　B：240～200分 　C：200～160分　　D：160分以下 3. 考核者意见： 　　　　考核者签字：　　　　日期：　年　月　日					

除了让考核者对被考核者作出评价外，让被考核者进行自我评价也是360度考核的一部分，自我评价能够使被考核者反思自己的进步与不足。在自我评价中，被考核者需要分析自己工作期间的绩效表现，评估自身的现有能力，并且据此设定未来的目标和方向。当人对自己进行评价时，往往会降低自我防御意识，更容易认识到自己的不足，客观对待自己的绩效表现。自我评价表如表10-2所示。

表10-2　自我评价表

评价要点	评价尺度				
	优	良	中	可	差
严格遵守团队规章制度，无迟到、早退、旷工等	14	12	10	8	6
能够制订出明确的工作计划，并按照轻重缓急安排工作顺序	14	12	10	8	6
能够按时完成自己的工作目标	14	12	10	8	6
工作认真负责，办事有始有终	14	12	10	8	6
能够迅速、适当地处理工作中出现的困难和临时安排的工作	14	12	10	8	6
定期进行工作总结，反思工作中存在的问题	14	12	10	8	6
工作熟练度和技术水平不断提高	14	12	10	8	6
具有较强的逻辑思维能力及分析问题的能力	14	12	10	8	6
能够及时与管理者或同事沟通，及时解决工作问题	14	12	10	8	6
能够主动配合管理者、同事及其他部门的工作	14	12	10	8	6

1. 通过以上各项的评分，你的综合得分是：＿＿＿＿＿分
2. 你处于的等级为：[ ]A　　[ ]B　　[ ]C　　[ ]D
　　A：240分以上　　　　B：240～200分
　　C：200～160分　　　 D：160分以下
3. 今后工作改进方向：

　　　　　　　　　　　　自评者签字：　　　　日期：　　年　　月　　日

在问卷调查结束后，管理者需要统计问卷结果并生成统计报告，还要向被考核者反馈考核信息。管理者需要分析员工的考核结果，明确员工工作的优缺点，指出员工工作存在问题的原因，并帮助员工制定工作改进方案。

10.4 绩效考核方法三：BSC考核法

BSC（Balanced Score Card）即平衡计分卡，是一种绩效管理和绩效考核工具。BSC的目标和指标来源于电商团队的发展战略，从四个维度考察电商团队的业绩，这四个维度分别是财务层面、客户层面、内部运营层面以及学习与成长层面。

（1）财务层面：解决"股东如何看待我们"的问题

在BSC考核法的财务层面，管理者需要着重解决的问题是"股东如何看待我们"。股东一般通过销售额、利润额、资产利用率、营业收入增长率、资本报酬率、现金流量和经济增加值等财务指标，来判断电商团队的业绩。这些指标也是管理者在建立BSC考核体系时需要提取的财务指标。

（2）客户层面：解决"客户如何看待我们"的问题

在BSC考核法的客户层面，管理者需要解决的问题是"客户如何看待我们"。客户的满意度、保持率、获得率、盈利率都是管理者在客户方面需要提取的重要指标。同时，管理者还可以对指标进行细化，例如，管理者可以通过送货准时率、产品退货率、订单取消数等指标细化客户满意度这一指标。

为电商团队设计BSC的绩效考核指标时，如何通过产品或服务的提供满足客户的需求是管理者需要重点思考的问题。在BSC设计思维的基础上，形成一条绩效考核指标思路，即客户群体及其需求→工作产出（产品或服务）→岗位职责→变革与改进能力（学习与成长层面）。

（3）内部运营层面：解决"我们擅长什么"的问题

在BSC考核法的内部运营层面，管理者需要解决的问题是"我们擅长什么"。管理者需要关注电商团队的效率，以便为客户提供更好的服务。在这方面，电商团队的新品开发速度、产品合格率、生产成本等都是管理者需要提取的指标。

（4）学习与成长层面：解决"能否继续提高并创造价值"问题

在BSC考核法的学习与成长层面，管理者需要解决的问题是"能否继续提高并创造价值"。管理者需要将目光放在电商团队的发展方面，思考通过怎样的学习能够促进电商团队的成长。管理者可以通过引入新技术、为员工提供培训等促进员工及团队的成长。这是BSC所体现出的优势，它兼顾了电商团队的短期发展目标与电商团队的长远发展。

10.5 绩效考核方法四：MBO考核法

MBO（Management By Objective）即目标管理，是依照具体指标和评价方法来界定员工工作目标完成情况的绩效考核方法。MBO考核法以目标管理为出发点，通过既定目标对员工进行绩效管理，当管理者确定了绩效总目标后，必须对其进行分解，将其转变为各部门以及各员工的小目标。管理者需要根据目标的完成情况定期对员工进行考核、评价和奖惩。

管理者可以从工作数量、工作质量以及工作效率三个方面提取MBO的绩效考核指标，这三方面的绩效考核标准相互作用，可以保证部门工作相互协调，保证电商团队正常运转。多个部门协调目标管理工作是MBO考核法的一大特色，即多维度覆盖绩效考核，并且绩效任务之间互相交叉、互相渗透，同时又能各自单独地发挥作用。

MBO考核法的重点在于让各个部门协调统一，按照相应的绩效考核指标完成工作。例如，生产部门每个月生产多少件产品、销售部门每个月销售多少产品，这些都是以工作数量为考核标准的。而工作质量是在工作数量的基础上，对已经完成的工作做一个质的评估，这也是MBO考核法的一个侧重点。

工作效率是员工在绩效考核期内工作产出与投入的比值，是员工所取得的效益与成本的比例关系。产出大于投入，就是正效率；产出小于投入，就是负效率。工作效率是衡量员工工作能力的重要方面。管理者需要结合员工的工作数量、工作质量以及工作效率三方面的绩效考核结果，采用科学的管理办法协调员工的工作。

MBO考核法的实施步骤比较简单，一般分为三步。

① 确定绩效目标。管理者需要根据电商团队的发展规划、业务内容、员工构成、市场环境等确定电商团队的绩效目标，同时要注意与员工保持沟通，听取员工合理的意见和建议。

② 确定绩效指标的主次程度及时间规划。绩效目标确定后，管理者就要制定一系列相关的绩效指标。在这个过程中，管理者一定要分清主次，按照工作的重要性和迫切程度制定指标。

③ 定期考核。绩效考核要有固定周期，通过定期考核总结绩效目标实现过程中的经验教训。定期考核能够让管理者发现员工工作中的不足，以便对员工的工作进行指导，同时，考核结果也是绩效培训的依据，此外，考核结果还能够为管理者调整下一次考核的各项绩效指标提供依据。

10.6 不同部门员工的绩效考核设计

为了彰显管理的公平性，管理者应该根据不同部门的工作内容设计不同的绩效考核制度。

以销售人员的绩效考核为例，销售人员主要负责产品的销售。销售工作的性质要求销售人员必须具有全方位的能力，既能制订合理的销售计划，又能够实施有效的销售活动。因此，对销售人员的绩效考核也应该是全方位的，销售人员的绩效考核表如表10-3所示。

表10-3 销售人员绩效考核表

被考核者姓名：	职位：			所在部门：	
指标维度	具体指标	权重	内容描述	目标值	实际值
财务	产品销售额	20%	提高产品销售额	达到＿＿万元	＿＿万元
财务	产品销售收入	15%	提高销售利润率	达到＿＿万元	＿＿万元
财务	销售回款率	10%	及时回款，保证企业资金流动	达到＿＿%	＿＿%
财务	坏账率	5%	避免坏账	小于＿＿%	＿＿%
内部运营	合同履约率	15%	保证合同按期实行	达到＿＿%	＿＿%
客户	市场占有率	10%	同类型产品中企业所占比例	达到＿＿%	＿＿%
客户	客户满意率	10%	客户满意程度	达到＿＿%	＿＿%
学习与发展	培训目标完成情况	5%	提升员工技能	达到＿＿%以上	＿＿%
学习与发展	核心员工保留率	10%	保留优秀员工	达到＿＿%	＿＿%
最终得分： 考核等级： （等级说明：85分以上为"优秀"，75～84分为"良好"，65～74分为"一般"，65分以下为"差"） 被考核者签名： 考核者签名：					

除销售人员外，管理者也需要对客服人员、市场调研人员、渠道拓展人员等其他部门的员工进行绩效考核。各部门工作的顺利进行有利于销售工作的顺利开展。

（1）客服人员

客服人员是电商团队不可或缺的一分子，客服人员的职责就是处理客户的咨询与反馈，为产品和服务设计的改进提供反馈支持。客服人员的绩效考核表如表10-4所示。

表10-4　客服人员绩效考核表

被考核者姓名：			职位：		所在部门：
指标维度	具体指标	权重	内容描述	目标值	实际值
财务	客户服务预算/控制	20%	将服务费用控制在预算内	预算＿＿＿万元	＿＿＿万元
内部运营	售后处理及时率	15%	保证及时为客户解决售后问题	达到＿＿＿%	＿＿＿%
	售后投诉率	10%	降低客户对售后服务的投诉率	在＿＿＿%内	＿＿＿%
	售后一次成功率	10%	高效为客户完成售后服务	达到＿＿＿%	＿＿＿%
客户	客户回访率	10%	按计划完成客户回访的比例	达到＿＿＿%	＿＿＿%
	客户满意率	20%	客户满意程度	达到＿＿＿%	＿＿＿%
学习与发展	培训目标完成情况	5%	提升员工技能	达到＿＿＿%以上	＿＿＿%
	核心员工保留率	10%	保留优秀员工	达到＿＿＿%	＿＿＿%
最终得分： 考核等级： （等级说明：85分以上为"优秀"，75～84分为"良好"，65～74分为"一般"，65分以下为"差"） 被考核者签名： 考核者签名：					

（2）市场调研人员

市场调研人员的主要工作是进行产品市场信息的收集和调研，以及市场活动的策划。市场调研人员需要具备良好的信息收集、整理、分析能力，要了解市场趋势和竞争对手的动态，同时在活动设计上有独到的见解，组织能力强。

某化妆品电商团队的市场调研人员小陈，他的日常工作是市场调研、整理资料、策划推广活动，因此，他的绩效考核数据也多集中在这几方面。市场调研人员的绩效考核表如表10-5所示。

表10-5　市场调研人员绩效考核表

考核项目	权重	内容叙述	目标值	实际值	得分
市场调研活动次数	20%	根据计划完成市场调研	＿＿次	＿＿次	
市场调研报告数量	20%	按计划提交市场调研报告	＿＿份	＿＿份	
市场调研分析报告质量	15%	对报告进行评估	＿＿%	＿＿%	
重点活动效果	15%	达成预期效果的市场活动比例	＿＿%	＿＿%	
客户满意度	15%	客户对活动效果的满意程度	＿＿%	＿＿%	
市场活动费用控制	15%	按计划控制活动成本	与同期相比降低＿＿%	＿＿%	

最终得分：
考核等级：
（等级说明：85分以上为"优秀"，75～84分为"良好"，65～74分为"一般"，65分以下为"差"）
被考核者签名：
考核者签名：

（3）渠道拓展人员

渠道拓展人员负责电商团队销售渠道的拓展和管理维护，通过各种渠道如零售商、分销商、品牌方等实现间接销售。如今，电商团队间的竞争越来越大，掌握多方渠道已经是各团队拓展市场的重要手段。渠道拓展人员需要具有良好的交际能力，要善于和各种渠道的工作人员进行商务洽谈，达成合作关系，从而扩大电商团队的市场渠道占有率。渠道拓展人员的绩效考核表如表10-6所示。

表10-6　渠道拓展人员绩效考核表

考核项目	权重	内容叙述	目标值	实际值	得分
销售额	20%	完成团队的销售额指标	__万元	__万元	
销售量	20%	按计划完成团队的销售量指标	__万件	__万件	
渠道开发计划实现率	15%	按计划完成销售渠道开发	____%	____%	
新产品渠道铺货率	10%	提高新产品在渠道中的比例	____%	____%	
渠道库存	10%	减少压货风险	____%	____%	
回款率	10%	促进销售回款，保持资金流	____%	____%	
渠道满意度	10%	提高客户满意度	____% 以内	____%	
代理商培训计划完成率	5%	按计划完成代理商培训	____%	____%	

最终得分：

考核等级：

（等级说明：85分以上为"优秀"，75～84分为"良好"，65～74分为"一般"，65分以下为"差"）

被考核者签名：

考核者签名：

总之，管理者要根据不同部门的工作有针对性地设计不同人员的绩效考核内容，力求考核出员工真实的工作情况。

10.7 管理者如何进行绩效反馈面谈

当绩效考核的结果确定后，管理者就要针对结果与员工进行面谈。绩效反馈面谈可以帮助员工了解自己的工作情况，并确定下一个阶段的工作目标，是绩效工作不可缺少的一部分。一般而言，一次完整的绩效反馈面谈应该包括以下几个步骤。

（1）双方的准备工作

绩效反馈面谈不仅管理者需要做好充分准备，员工也需要做好充分准备。如果双方不做任何准备，就匆忙地进行面谈，很可能影响面谈效果，让员工对面谈抱有抵触情绪。

对此，管理者要让员工填写"员工自我评价表"，其目的在于以下几个方面。

① 让面谈员工熟悉绩效考核的标准。

② 让面谈员工逐一对照绩效考核的标准，对自己有一个大致的评估。

③ 分析自己工作上的得失，并找出造成工作得失的自身原因。

④ 针对自身原因，找到改进工作、提高绩效的有效措施。

面谈前管理者的准备工作就比较多了，主要有以下几项。

① 在进行面谈时，有三个文件是必不可少的，即"员工职位说明书""工作计划书""绩效评估表"，管理者要对这三个文件进行分析研究。

② 收集面谈员工相关的资料。这部分资料主要来源于日常工作情况观察、日常工作记录等。管理者如果想参考其他员工的意见，应该特别注意两点：一是不要把与面谈员工关系特别亲近的员工的意见作为参考；二是管理者参考的其他员工的意见一定要有理有据，不能只依靠口述。

③ 在正式进行面谈前，管理者应该先对面谈员工的绩效考核结果做一个大致的预判。

④ 管理者需要准备一份面谈大纲。面谈大纲可以使管理者言之有物，按照正确的逻辑帮员工梳理工作，保证面谈的顺利进行。

（2）正式面谈时的开场白

一般而言，管理者的面谈开场白是对电商团队的政策、面谈目的进行说明。管理者的面谈开场白一定要严肃、认真，从氛围上让员工重视此次面谈，以保证后续面谈工作的有效推进。

例如，开场白一："××同事，根据团队绩效考核管理条例，我们已经对你上半年度的工作情况和工作成果做了充分了解。通过这次绩效反馈面谈，我们希望可以达到两方面的目的：第一是和你交流上半年的年度考核结果；第二是根据上半年的工作情况，和你一起找到一个可以改进工作、提高绩效的措施。好，下面我们正式开始吧。"

开场白二："这次面谈，我们来聊聊上你上半年度的工作情况，你先说说吧，觉得自己的工作做得怎么样？"

对比上述两种开场白，第一种开场白更加严肃、认真，第二种开场白则会给人不认真、不正式的感觉，员工难以进入面谈的状态。开场白在绩效反馈面谈中是非常重要的，如果措辞不当，说得不好，很容易引起误会，为进一步开展工作带来麻烦。因此，管理者在设计开场白时，应该借鉴案例中的第一种开场白，在面谈开始时就将其引入一种正式的氛围中。

（3）听面谈员工的自我评价

不同类型的员工在自我评价环节会做出不同的行为，管理者要有针对性地进行引导。员工的类型主要有三种：成熟稳重型、忽冷忽热型、迷茫型。

① 成熟稳重型

成熟稳重型的员工平时的工作表现比较突出，他们对自己的评价大都是积极正面的。因此，他们可能会对自己有过高的估计或对团队有过高的期望，希望实现职位晋升、获得奖励等。如果在面谈过程中，管理者向他们表示其期望不能实现，可能会使其产生抵触情绪。另外，由于这类员工的考核结果比较优秀，所以他们常会忽视工作改进。对此，管理者要肯定他们的工作成果，并引导他们注意工作的细节问题，从而将工作做得更好。

② 忽冷忽热型

忽冷忽热型的员工最容易在面谈时与管理者发生争执。因为这类员工常常注意不到自己的问题，总是将问题归罪到其他人或外部环境，所以他们会反驳管理者提出的建议并坚持认为自己没有错。对此，管理者应该引导他们不要和其他员工作比较，而是和自己的过去做比较。

③ 迷茫型

迷茫型员工不会对管理者的建议有太多想法，基本都会欣然接受。这类员工没有自己的想法和思路，如果管理者想要节省面谈的时间和精力，就可以直接向他们提出改进工作、提高绩效的建议和措施，但这样不利于培养员工的创新能力。对此，管理者可以循序渐进地引导这类员工说出自己的想法，帮助他们培养独立思考的能力。

（4）告诉面谈员工考核的结果

管理者需要将员工的工作表现如实反馈给员工，无论是表现突出还是表现欠佳的地方都要开诚布公地告诉他们，并向他们表达自己的真实想法。管理者在传达绩效考核结果时要尽量简洁、抓住重点，让员工能快速提取出重点信息。

例如，管理者可以说："××同事，对于你刚刚所做的自我评价，其中大部分内容，我们都是认同的。根据你上半年度的工作情况，再结合团队为你制定的工作目标，可以得到以下结论：服装销售数量目标、客户回购率目标你都顺利完成了。销售人员培训目标这方面，因为公司的战略有所调整，培训的课程计划有了变动，本来应该4月份完成，现在5月份完成。另外，客户满意率达到90%以上这项工作目标你没有顺利完成。

按照已经设置好的考核标准和考核分数，你的考核成绩如下：第一个目标和第二个目标顺利完成，得到55分，首先恭喜你在这两个目标中取得优异成绩。第三个目标虽然没有按时完成，但是公司的战略调整所致，所以你也可以得到满分30分。第四个目标没有顺利完成，获得10分，将各项成绩加起来，最后得分为95分。

其中，第四个目标没有顺利完成，应该是有多方面原因的。首先你自己应该先努力找到解决的办法，如果遇到困难，可以寻求我们的帮助。接下来，对于客户满意率目标没有顺利完成，请你谈谈你的解决办法。"

（5）与员工讨论有分歧的部分

在面谈时，管理者和员工有分歧是常事。如果出现较严重的分歧，管理者不要和员工针锋相对，而要从分歧最小的部分开始讨论，列出一些真凭实据来说服员工。

例如，管理者可以说："你的客户满意率目标没有顺利完成，所以要扣分。工作目标中的客户满意率应该在5月份之前达到95%，但是现在已经10月份了，你依然没有完成目标，在这段时间内，你也没有主动和我进行沟通，向我提出问题和困难，所以说你的反驳根本不能成立。"

这样的回答既没有使用太极端的词语，使双方的争执扩大，而且论据充分，让人无法反驳。管理者一定要做到就事论事、客观公正。

（6）讨论改进工作、提高绩效的方法

为了让工作改进能落到实处，管理者应该让专人将工作改进方法、达到目标的时间、管理者的责任、后期如何跟进等记录下来，并且对重点内容加以标注。如果考核成绩比较低，记录的重点就是工作改进、绩效提高的方法；如果考核成绩比较高，记录重点就是员工的发展计划。

（7）确定好下次交流的时间和内容

确定工作改进的计划后，管理者还要对其进行跟进。因此，管理者可以在下次考核前再安排一次面谈，与员工探讨工作改进的成效。

（8）最后再强调员工的突出表现以及贡献

管理者在面谈的最后应该及时激励员工，表达自己对他们的信任，为他们的改进工作增加信心。例如，管理者可以说："从整体上看，你的工作表现已经有了非常大的提升。不过，因为你做事不果断、容易拖拉，阻碍了你向更好的方向发展。相信经过此次绩效反馈面谈，你的工作表现一定会越来越好，考核成绩也会越来越高。"

10.8 案例：一次失败的绩效反馈面谈

绩效反馈面谈过程中最重要的是沟通，管理者在与员工进行绩效反馈面谈之前，首先要做好一系列准备工作，同时需要把握好绩效反馈面谈的重点内容，指出员工的工作问题并帮助员工制定好工作改进方案。如果管理者的准备不充分，无法指出员工工作中的问题并给出指导意见，那么绩效反馈面谈就是失败的。

某电商团队的人事专员小王主抓员工培训，刘总是该电商团队的管理者。

一天，刘总给小王打了一通电话："这个月的绩效评估快结束了，你简单说一下自己这个月的工作情况。"

小王："这个月我基本上完成了预期的工作目标，不足之处就是自己业务能力还需要加强。下个月我会继续努力工作。"

刘总："小王，你的工作整体还可以，但是上周开例会的时候，销售部的部门经理说没收到培训计划，没能提前安排好部门工作，导致他们的销售工作受了很大影响，这是你造成的吧？"

小王："刘总，那是我工作太忙给忘了，我保证下不为例！"

刘总："这个你得注意了，还有你每次组织培训，都在那照本宣科，念完培训材料，简单总结几句就结束了，你这就是在敷衍了事。就你这种表现，这个月的绩效奖金肯定没有了。"

小王："刘总，那您觉得我的工作该如何改进？"

刘总："今天就到这儿吧，我现在还要出去办点事。"

然而此后，刘总再也没有找小王继续谈论。小王对刘总这种不负责的行为十分气恼，工作的积极性也直线下滑。

上述案例中的情形并不少见，许多管理者在与员工进行绩效反馈面谈时，可能或多或少都出现了案例中的问题。绩效反馈面谈的初衷是提高员工的绩效，但是，类似案例中的绩效反馈面谈只会适得其反，不但帮不到员工，还会引起员工的反感。

那么，上述案例中的绩效反馈面谈出现了什么问题？主要有以下三个方面。

第一，刘总没有正式通知小王要进行绩效反馈面谈。刘总告诉小王要进行绩效反馈面谈的原因时说绩效评估快结束了，这会让小王觉得刘总找自己沟通不过是在应付差事，而不是为了帮助自己提高绩效，其内心就会抗拒这次沟通。

第二，绩效辅导的方式、时间选择有误。刘总通过电话就绩效问题与小王进行沟通，事起仓促，小王全无准备，但是刘总仍要其汇报工作，同时，刘总也没有为绩效反馈面谈做任何准备工作。双方都没有准备好，绩效反馈面谈失败就在所难免。

第三，刘总没有针对绩效评估过程中发现的问题制定应对策略。在整个绩效反馈面谈过程中，刘总对小王的工作情况都是泛泛而谈，没有深入分析小王工作中出现的问题，没有对其工作问题提出解决方案，也没有谈小王工作中的优秀表现，只是苛责小王工作中的不足。这样的绩效反馈面谈，不能让员工认真反思自己工作中的不足，甚至会造成双方的对立，最终的结果只能是不欢而散。

那么，要想成功做好绩效反馈面谈，管理者要做好哪些准备工作呢？管理者要制定好绩效反馈面谈的流程，面谈流程可以分为四步：开场白、揭示主题、正式讨论、收尾。

开场白是为了给员工一个心理准备的时间，消除员工的紧张情绪，为后面的绩效沟通做好准备。开场白之后就要揭示主题，告知员工绩效反馈面谈的目的。

还以上述案例来说明，刘总致电小王："小王，明天下午两点到三点半，我想请你来我办公室，咱俩就你这个月的绩效评估问题进行一次绩效反馈面谈。希望沟通之后，你能提高绩效，你有什么意见和建议都可以提出来，我们来讨论。最后我们一起来制定你的绩效改进方案。"倘若刘总这样说，与小王的沟通效果就会好很多。

在正式的讨论环节，管理者与员工要确定绩效指标的内容与界定标准、共同讨论各个指标的完成情况，分析未完成或完成不好指标的原因，提出针对性改善方案，确认后期跟进方式。

最后是收尾阶段。在这个阶段，管理者应当简要总结双方在绩效反馈面谈过程中达成的一致意见，给员工树立信心，将沟通结果形成书面文件，让员工签字确认，同时要感谢员工的积极配合。

确定了绩效反馈面谈的流程以后，管理者要充分考虑员工的思维方式、性格特征等，对绩效反馈面谈过程中可能发生的突发情况，想好应对方法。管理者事先有了充足的准备，与员工的沟通过程也会更加有保障。

同时，管理者还要为绩效反馈面谈准备材料，包括员工上一期绩效评估报表、员工的绩效完成记录、员工与管理者的沟通记录、员工的自我评价、员工的工作日志等。在绩效反馈面谈之前，管理者应准备好这些材料，并与员工当前的工作情况进行对比，明确员工工作的进步与不足之处，以便更好地与员工进行沟通。

薪酬设计——
保证每一位员工劳有所得

在电商团队管理中，管理者要对薪酬设计足够重视，合理、完善的薪酬制度能够保证每一位员工劳有所得，只有这样才能突出团队管理的公平合理，并激发员工的工作积极性。

管理者首先要明确绩效考核结果与薪酬的关系，绩效考核的结果一般体现在薪酬上，绩效考核结果优秀的员工会获得更高的薪酬和奖金。其次，管理者要对业务部门与非业务部门实施不同的薪酬制度，使薪酬制度更加合理。

11.1 绩效考核结果 与薪酬设计的关系

管理者要想有效发挥绩效的激励作用，一定要将绩效结果与薪酬相关联。绩效结果从三个方面影响薪酬。

（1）绩效影响工资分配

薪酬一般由基本工资和绩效工资两部分组成，基本工资是每月根据岗位价值固定发放的工资，绩效工资是根据当月绩效的完成情况发放的工资，员工绩效考核的成绩好，工资就高，成绩不好，工资就低，以此达到对员工的激励作用。

假设一个员工的工资构成是"基本工资3000元＋绩效工资2000元"，如果该员工当月的绩效考核成绩是120分，则该员工的绩效工资是2000×120%＝2400元，该员工当月的工资总数应该是3000+

2400=5400元，比标准工资多400元。如果该员工当月的绩效考核成绩不理想，只有80分，则该员工的绩效工资就是2000×80%=1600元，该员工当月的工资总数就是3000+1600=4600元，比标准工资少400元，这样就实现了依据绩效考核结果对员工进行奖惩。

合理的薪酬体系是奖励与惩罚并重，奖励给优秀员工的薪酬来源于绩效差的员工扣除的薪酬，二者是平衡的，并不会使团队薪酬支出产生较大变化。为保证二者的平衡，管理者应设计好奖惩比例，并严格按照奖惩比例执行。

（2）绩效影响奖金分配

奖金是指年终或年中电商团队根据效益好坏为员工发放的激励。奖金的高低有两个影响因素：一是员工的职级，职级越高奖金越高；二是绩效考核成绩，如果职级相同，那么考核成绩越高的员工，奖金就越高。

（3）绩效影响第二年薪酬的涨跌

绩效工资和奖金的多少对员工来说属于一次性收入，因此，绩效对绩效工资和奖金的影响也属于一次性影响，当月的绩效工资高不代表下个月的绩效工资也高，当年奖金高也不代表下一年的奖金高。

对此，如果管理者想让员工有更好的积极性和公平感，就需要对其进行永久性激励，也就是涨薪。许多管理者在面对涨薪的问题时，最难的就是确定涨薪的人员以及涨薪的比例。在这方面，管理者可以根据电商团队的工资总支出的承受能力以及薪级的涨幅，设计出涨薪的比例，在执行时只需要依据规定进行简单的计算就可以了。

例如，某电商团队设计的绩效管理制度是这样的，"在年度考核得分计算完成后，由人力资源部将基层员工的考核得分由高到低进行排序，划分出A（占参评总人数的20%）、B（占参评总人数的50%）、C、D（C和D合计占参评总人数的30%）四个等级，并将其作为职级升降、人员再配置的依据之一。"

其中，年底考核得分为A的员工可晋升薪级两级，得分为B的员工可晋升薪级一级，得分为C的员工不晋升，得分为D的员工直接进入人力资源池，且不参加当年的奖金分配，累计两次得分为D的员工将会被辞退。

在设计分配比例时，管理者要考虑两个因素：一是电商团队能承受的工资总额的涨幅；二是每个薪级的涨幅。上述电商团队每年的工资涨幅和利润的涨幅有一定关系，假如工资总额的增长比例不能超过6%，那么管理者在设计薪酬涨幅时一定不能超过6%的限制，否则这个薪酬制度的设计就是失败的。

因为涨薪制度在具体实施过程中不可能与预估完全重合，所以，管理者在设计涨薪制度时一般会将工资的涨幅设计得稍低于工资总额的涨幅。此外，管理者在设计涨薪制度时，不能直接抄袭别人的制度，因为不同团队的工资涨幅、薪级涨幅都是不一样的，不同的薪酬体系对应不同的比例关系，管理者需要根据电商团队具体的薪酬制度设计工资涨幅及薪级涨幅。

11.2 不同部门的薪酬设计

销售部门是电商团队中的重要部门，他们直接对接客户，为团队创造收益。大部分电商团队都会为销售部门设计详细的薪酬体系，将员工和部门的业绩与个人薪酬相关联，从而促进销售人员更积极地工作。

在设计销售人员的薪酬方案时，有多种可使用的薪酬设计模式。这些薪酬模式的目的都是促进销售人员更好地达成团队目标、满足客户需求。目前使用最普遍的适用于销售人员的薪酬模式有以下五种。

（1）纯底薪模式

纯底薪模式指的是销售人员的薪酬只有固定底薪，没有与个人销售业绩、团队业绩、团队效益相联系的薪酬收入。纯底薪模式可以更好地体现出电商团队中不同岗位、不同员工之间的平等关系，既可以保证销售人员的薪酬水平，还可以把电商团队的销售成本和人力资源成本控制在一个合理的范围内。

因为纯底薪模式没有将销售人员的销售情况与薪资相关联，所以很难调动起他们的工作积极性和工作热情。这种基于平均分配的薪资模式会在一定程度上导致销售人员甚至整个销售部门都出现消极怠工的现象，进而影响团队效益。

（2）底薪加奖金模式

在底薪加奖金模式中，销售人员的薪酬由两部分组成，一部分是按月发放的底薪，数额是固定的，另一部分是奖金，奖金是不固定的，与销售人员完成销售目标的具体情况相关，奖金的主要作用是激励销售人员努力工作。这种模式不仅可以使销售人员获得固定的底薪，保证他们的基本的生活，还可以促使他们更加努力工作，从而推动电商团队快速、长久的发展。

（3）底薪加提成模式

在底薪加提成模式中，销售人员的薪酬也由两部分组成，一部分是按月发放的底薪，另一部分是根据产品销售量确定的提成。底薪加提成模式是最常见的，也是电商团队使用最普遍的一种薪酬模式。提成可以体现销售人员的工作能力，销售人员业绩越高，提成越高。销售人员由此可以获得较高的薪酬，有利于提高他们的工作积极性。

但底薪加提成模式可能会引发抢单现象，导致销售部门人员失和。另外，设计底薪和提成的分配比例是一项比较困难的工作，如果提成比例失调就会导致团队效益降低。

管理者在使用这种模式时，应强化员工间的合作培训，并注重创新，根据市场行情适时调整薪酬体系，例如，设置浮动式薪酬方案、互帮小组机制等。以某电商团队的浮动式薪酬方案为例，员工的收入根据销售额标准作自动转移分配。

① 当销售额在40000元以下时，员工的薪酬模式为"底薪3000元+销售提成（个人销售额的2%）"。

② 当销售额达到40000元时，员工的薪酬模式自动转为"无底薪+纯销售提成（个人销售额的10%）"。

（4）底薪加提成加奖金模式

在底薪加提成加奖金模式中，销售人员的薪酬由三部分组成，即按月发放的固定底薪、根据产品销量确定的提成以及完成销售目标所获得的奖金。

这种模式的薪酬组成比较多，它可以将底薪、提成、奖金结合在一起，充分起到激励作用，调动销售人员的工作积极性以及工作热情。提成可以促使销售人员更加努力地工作，取得更好的销售业绩。奖金可以让他们更加注重自己的销售行为。

虽然这种模式的优势不少，但却在无形中产生了更高的人力资源成本，提高了薪酬制定的难度，而且，底薪、提成、奖金三部分的比例也较难分配好。另外，核定销售额、确定销售目标等工作也是比较复杂的。

（5）纯提成模式

纯提成模式又被称为佣金模式，在这种模式下，销售人员的薪酬并没有一个具体的固定金额，只由提成薪酬这一个部分组成，具有浮动性。

纯提成模式不仅可以发挥强大的激励作用，而且实施起来比较简单、成本比较低。不过，这种模式将销售风险全部转移到了销售人员身上，一旦其他因素影响了产品的销售，他们的薪酬就会变得十分不稳定。在该模式下，销售人员可能会为了提高自己的收入，做出对团队不利的事情，例如损害团队形象、出卖团队机密等。这种模式与底薪加提成的模式相比，更容易出现恶性竞争，进而影响部门团结，不利于团队的稳定发展。

上述五种针对销售人员的薪酬模式各自都有其优势及劣势。管理者应该根据自身的具体情况，分析销售人员的能力、销售产品的类型、销售的地区、产品的主要消费对象等因素，选择最适合团队的薪酬模式。

除销售部门外，行政部门、美工部门、研发部门、仓储部门、财务部门等也是电商团队的重要组成部分，这些部门虽不会负责产品的销售，但会负责如产品开发、统筹规划等重要的工作，因此，这些部门也需要合理的薪酬体系激励员工工作。在为这些部门设计薪酬制度时，管理者需要做到以下几个方面。

（1）明确薪酬设计的依据

管理者在明确薪酬设计的依据时，需要与电商团队实际情况如整体收益、发展阶段等相结合，再参照行业水平进行综合考量。不仅如此，管理者还要进行严格的岗位价值评估，以便最大限度地保证薪酬设计的公平性。

（2）制定薪酬结构

这些部门员工的薪酬结构并不是单一化的。首先，最基础的部分是底薪，包括晋升底薪和无晋升底薪；其次是绩效薪酬；最后是激励薪酬，主要包括补充保险、团建活动、生活补助、无息贷款等。

（3）选择薪酬标准

管理者为这些部门的员工选择薪酬标准时，应该全面考虑岗位级别、岗位价值、工作年限等。不同部门的员工，其薪酬标准必须要有所不同。

很多管理者只重视销售部门的薪酬设计，忽视了其他部门的薪酬设计，这是不正确的。除销售部门外，其他部门的员工在电商团队中也扮演者重要的角色，如果他们不能把工作做好，团队的整体业绩会受到影响。因此，管理者必须重视电商团队中所有部门的薪酬设计，为所有部门建立清晰明确的薪酬体系，这样每个员工才能在正确的轨道上工作，团队的工作效率才能得到整体提升。

11.3 薪酬的激励性和平衡性

在设计薪酬体系时，管理者应遵循激励性和平衡性两个原则。

（1）激励性

对于电商团队而言，要想在激烈的竞争环境中生存和发展，就要不断提升员工的积极性和主动性，从而保证团队效益。因此，在设计薪酬体系时，管理者要充分考虑薪酬体系的激励作用。管理者需要考虑以下几个因素。

① 激励的产生根源：不平等是激励员工努力的根源，而这种不平等可以通过努力改变，是员工努力的动力。因此，要发挥薪酬的激励作用，就要体现出差别，管理者要根据岗位职责的大小和岗位价值的高低，对薪酬进行划分，同时，也要为员工提供平等晋升和公平竞争的渠道。

② 激励的时效性：激励的时效性是和电商团队战略目标相符的。例如，在某个时期，团队的任务非常繁重，需要提高效率才可以完成；或是团队处在高速发展和开拓业务的阶段，需要超高的绩效输出来保证战略的推进。这时就需要及时有效的激励方式激励员工努力工作。在此时期管理者可以为员工提供短期绩效奖金。

③ 激励的成本：要想实现薪酬体系的激励性，管理者就要设计各种激励性薪酬。激励性薪酬是基本薪酬的补充，其投入是否有效，要看最

终的产出效益。在设计激励性薪酬时，管理者要做好投入和效益产出的分析，同时还要在实践中不断调整，从而达到用较低投入实现较高效益产出的目的。

（2）平衡性

管理者要想在保证公平的前提下对员工进行有效激励，不仅要考虑不同岗位层级员工的价值贡献，还要考虑同一岗位层级员工的价值贡献，并在薪酬上有所区分。一般而言，评价员工价值贡献的要素包括以下几个。

① 资历：员工的资历包括学历、工作年限、工作经验等。以学历为例，很多电商团队在职位晋升方面都会对员工的学历作出要求，越高的职位对员工学历的要求也越高。这样做能够体现出高学历的价值和职位晋升的公平合理，有利于吸引和留住高素质人才。

② 绩效表现：正所谓多劳多得，为业绩更好的员工发放更多的奖励是电商团队应坚持的管理原则，这是对员工最有效果的正向激励。试想，如果A员工比B员工工作努力，且绩效表现更好，但在薪酬上两人却相同，这显然会打击A员工的积极性。长此以往，不仅A员工会消极怠工，团队内也难以形成良好的工作氛围。

③ 产出：产出不同于员工的绩效表现。员工成本和贡献的比值决定着员工的绩效表现，比值越小，说明员工的绩效表现越好。而产出不只包括员工的绩效表现，还包括员工对社会的贡献、对公司形象的影响等。

某电商团队的一名销售人员在上班途中遇到一名老人中暑晕倒，于是及时拨打了120电话并将老人移至阴凉处，在120急救人员赶到现场后，又协助急救人员将老人送上了急救车。经过一番救治，老人得以转危为安。此事经当地媒体报道后，许多人得知了这件好人好事，并对该销售人员表示了赞扬。该电商团队的管理者在得知此事后，表扬了该员工的行为，并向其发放了10000元奖金。

上述案例说明，员工不仅可以在团队效益上为电商团队创造价值，还可以为电商团队的形象提升和品牌建设贡献力量。因此，管理者对员工其他形式的贡献也要进行相应的奖励，以保证团队的价值分配更合理。

激励性和平衡性对于薪酬设计而言十分重要，在实际操作中，应如何兼顾这两个原则设计出合理的薪酬体系？

首先，管理者要制定明确的薪酬标准。岗位的任职要求和员工的工作职责是管理者制定岗位薪酬的标准。对此，管理者需要将团队的年度经营活动进行分解，明确各岗位的任职要求和各岗位员工的工作职责。

其次，管理者要因岗位而异进行薪酬设计。电商团队内部往往有多个岗位，如技术岗位、管理岗位等。岗位不同，岗位薪酬发展路线也不同。

11.4 案例：
电商团队中的薪酬体系

某电商团队的管理者在设计团队的薪酬体系时，为不同部门设计了不同的薪酬体系。客服部门是该电商团队最重要的部门，管理者根据其业务设计了合理的薪酬体系，对于电商团队的其他部门，该管理者也在分析其他部门共性的基础上设计了完善的薪酬体系。

（1）客服部门薪酬体系

客服部门是电商团队最重要的部门，团队的效益就来源于客服部门。因此，员工的个人业绩提成需要占薪资结构的较大比例，才能有效起到激励员工的作用。客服部门的薪资体系为：底薪＋提成＋全勤奖＋津贴＋奖金＋业绩超额奖金。其中，提成包括个人业绩提成和静默下单提成，静默下单提成不在员工月绩效目标之内，而是按业绩总额和团队正式员工的比例来分配。主管以上可以享受岗位津贴，主管、部门经理的津贴额度分别为200元、500元。

客服人员分为5个级别，分别为星级、蓝钻、黄钻、皇冠、金冠客服，其底薪依次为3000元、3200元、3400元、3600元、3800元，月销售量目标分别为2万元、3万元、4万元、5万元、6万元。完成月销售目标后的提成比例分别为0.5%、0.75%、1%、1.25%、1.5%。

若员工没有完成销售目标，需按完成比例折算绩效提成，若超额完成目标，每超越一个等级，则按照所达到等级的提成比例来折算提成。

客服人员的业绩考核指标包括平均响应、首次响应、回复率、成交率和客单价。平均响应是指客服人员每次响应客户用时的平均值，首次响应是指客服人员第一次响应客户的用时，两者都能够判断客服人员回应的及时程度。回复率反映的是客户对客服人员的响应情况。成交率是指客服人员的回复量与客户下单量的比例。客单价是指客服人员与客户最后的成交价格。整个考核体系如表11-1所示。

表11-1　客服部门考核体系

客服人员级别	星级客服	蓝钻客服	黄钻客服	皇冠客服	金冠客服
级别底薪（元）	3000	3200	3400	3600	3800
级别任务（元）	20000	30000	40000	50000	60000
提成比例	0.5%	0.75%	1%	1.25%	1.5%
绩效分数	70	75	80	85	90
平均响应	50	40	30	20	10
首次响应	30	20	15	10	5
回复率	98%	99%	99%	99%	99.5%
成交率	60%	65%	70%	75%	80%
客单价	100%	110%	120%	130%	140%

对应的薪酬体系如表11-2所示。

表11-2　客服部门薪酬体系

客服人员级别	底薪（元）	全勤工资（元）	个人业绩提成	团队业绩提成	管理津贴（元）
星级客服	3000	100	0.5%		
蓝钻客服	3200	100	0.75%		
黄钻客服	3400	100	1%		
皇冠客服	3600	100	1.25%		
金冠客服	3800	100	1.5%		
客服主管	4000	200		0.5%	200
客服部门经理	4500	300		0.3%	500

（2）其他部门薪酬体系

电商团队的其他部门，如技术部门、财务部门等，不涉及个人业绩提成，其薪酬体系为：底薪＋静默下单提成＋活动奖金＋团队业绩超额奖金。

活动奖金是电商团队活动期间的所有营业额的1%，此项收入不计入个人业绩和提成，目的是为了回报员工在特殊时期的工作付出，会在当月结算工资时发放。活动奖金的分配方式为：月活动营业额的0.6%为全部员工奖金；0.2%为各部门经理奖金；0.1%为优秀员工奖金；0.1%为优秀员工活动经费，此经费不得转为他用。

该电商团队的薪酬体系除了上述薪酬分配外，还设置了单项奖激励员工工作，单项奖主要有以下几种。

① 销售冠军奖：奖励每月的销售冠军，奖金为1000元。

② 最佳进步奖：奖励当月业绩比上月业绩增长最多者，奖金为500元。

③ 最佳创意奖：奖励当月个人建议最佳者，按建议创造利益的多少奖励100 ~ 1000元不等。

该电商团队的薪酬体系较为合理，兼顾了激励性与平衡性。在这种薪酬体系中，每位员工都能被平等地对待，这使得该电商团队的员工留存率非常高。

激励机制——
有激励，员工才更有动力

激励机制是电商团队管理者在进行团队管理时不可忽视的一部分，建立合理有效的激励机制可以促进电商团队的快速发展，原因在于有激励，员工才会更有动力。管理者必须对激励机制的重要性提起足够的重视。在建立团队的激励机制时，要了解电商团队的两种激励形式，并且把握建立激励机制时需遵守的原则。

12.1 电商团队建立 激励机制的重要性

要想促进电商团队的发展，就要打造一支勇于拼搏的团队。但是在一些电商团队中依然存在员工工作效率低的问题，这就需要通过激励机制调动员工工作的积极性。电商团队建立激励机制的重要性表现在以下两个方面。

首先，激励机制能够挖掘员工潜能，提高员工的工作积极性与主观能动性，从而提高绩效。在激励机制的刺激下，员工会更加积极主动的工作，也会更愿意主动解决工作中遇到的问题。其次，激励机制能够增强团队的凝聚力，使员工间的关系更加和谐。

小周是某电商团队的管理者，该团队在成立的第一年就获得了飞速发展，这和员工的激励制度密切相关。小周为电商团队建立了完善的激励机制，在物质与精神方面都给予了员工充分的激励。

（1）建立激励性的薪酬机制

小周为员工建立了激励性的薪酬机制，将员工的薪酬与其工作表现密切联系在一起。在此薪酬机制下，员工为团队做出的贡献越大，获得的奖励会越丰厚。同时，为了保证薪酬机制的公平性，关键岗位及技术岗位员工的薪酬高于其他岗位，但无论是什么岗位的员工，只要在工作中表现优异就能够获得相应的奖励。

（2）设立个性化激励方案

除了建立激励性的薪酬机制外，小周还会对员工进行个性化奖励。首先，小周会为优秀员工提供额外的物质奖励。每月或每季度，小周都会从各部门选出一名工作最为优异的"月度之星"或"季度之星"，对其进行表彰并发放额外的物质奖励。这能够让员工获得物质与精神双方面的满足。其次，小周会不定期组织各种团队活动，如节日晚会、趣味比赛、出游等，在组织活动或为活动准备奖品时，小周也会认真听取员工的意见。

（3）精神与情感激励

小周在工作中十分重视精神与情感激励。当员工工作取得进展时，他会及时表扬员工；当员工的工作遇到困难寻求帮助时，他也会耐心地为员工答疑解惑。

建立激励机制能够加速电商团队的发展，除了建立科学、合理的薪酬激励机制外，对于员工的精神激励也是管理者不可忽视的一部分。

12.2 适合电商团队
的两种激励形式

建立激励机制对于电商团队的发展而言十分重要，最适合电商团队的激励形式主要有两种，分别是福利激励和榜样激励。

（1）福利激励：为员工提供多样福利

完善的福利能够激发员工的积极性，帮助团队吸引和留住人才。一些电商团队在薪酬方面可能缺乏竞争力，但由于福利比较完善，团队员工仍比较稳定，团队也稳步发展着。

电商团队除了为员工提供养老保险、医疗保险、失业保险、工伤保险、生育保险等基础福利外，还可以提供免费工作餐、交通补贴、住房补贴等。同时，管理者在制定福利政策时，需要视自身的效益和员工需求而定。一般而言，电商团队可以为员工提供以下几方面的福利。

① 免费工作餐：电商团队可以为员工提供免费工作餐，或者发放午餐补助。

② 交通服务或交通补贴：如果员工有集中宿舍，电商团队可以为员工提供交通服务；如果员工的住址不集中，则可以为员工发放交通补贴。

③ 住房福利：电商团队可以为员工提供多样的住房福利。住房福利的形式主要有现金津贴、房屋贷款、个人储蓄计划、利息补助计划、提

供团队公寓等。

④ 购车福利：在出行方面，电商团队可以为员工提供购车福利，这除了能够激励员工外，还可以使团队的用车压力得到缓解。

⑤ 养老保险补充：许多电商团队都会为员工提供补充养老福利，这不但符合社保的需要，还能够吸引人才，为员工提供更加合理的退休福利保障。

⑥ 教育福利：教育福利是指为员工提供教育方面的资助，例如为员工提供正规教育课程或者学位申请的费用。这能够促进员工的学习成长和电商团队的发展。

（2）榜样激励：为员工树立一根行为标杆

在电商团队中，优秀员工的表现能够对其他员工产生激励作用，管理者可以将优秀员工树立成其他员工的榜样，鼓励员工向其学习。

例如，某电商团队会在公司的大厅中展示榜样员工的照片，展示其优秀的工作业绩和所获得的荣誉。这不仅能够激励榜样员工更加努力工作，也为其他员工树立了标杆。这些榜样员工不仅有业绩突出者，还有业绩进步较快的员工。榜样员工以月度为单位进行更新，每一位业绩突出的员工或业绩有突出进步的员工都有可能成为当月的榜样员工，这极大地激发了员工工作的积极性。

为了发挥出榜样对于电商团队健康发展的良好作用，管理者要善于发现典型员工，树立正确的榜样。

12.3 学会用斯坎隆计划激励员工

斯坎隆计划是一种以提高劳动生产率为目的的团队收益分配计划，主要由两个部分构成，一是员工参与，二是平等回报。

如何实现员工参与？管理者需要在每个部门中设立管理委员会，员工可以针对部门的问题提出建议，如果员工的建议被采纳，就会得到奖励。这种员工参与决策和管理的方式可以极大地激发员工的才智和工作积极性。

如何实现平等回报？管理者在计算出本月或本季度的销售额以后，如果发现销售额超过既定目标，就需要按照薪酬的百分比为所有员工发放奖金。

斯坎隆计划强调团队的团结与协作，能够实现集体激励，有利于保证电商团队的公平。一些员工可能个人工作能力并不突出，但是具有较强的协作能力、组织能力，也能够为团队贡献自己的力量。集体激励机制能够激发员工的工作热情，也能够促使员工加强交流与协作，在协作中扬长避短，充分发挥自己的长处。这种良好的协作往往能够实现"1+1大于2"的效果，从而提高电商团队的整体效益。

但是，这种集体激励机制也存在弊端。只要团队整体的效益有所提高，所有员工就可以获得奖励。在这种情况下，难免会有一部分员工坐享其成。为了避免这种问题，管理者必须加强对员工的监督，明确每位员工的工作及对团队的贡献。管理者还要建立完善的约束机制，对工作不努力的员工作出处罚，以此约束员工的行为，保证员工间薪酬分配的公平性。

此外，实施斯坎隆计划的成本过高也是执行计划的一个难点。让员工参与到管理中确实能有效激发他们的创造力和聪明才智，但是在执行过程中需要花费大量的时间成本，而员工所提建议的价值并不确定，这都是管理者需要考虑的因素。因此，在开展斯坎隆计划时，管理者必须对开展计划的成本进行预估，并分析其执行讨程中存在的风险，在此基础上制定出合理的规划。

在实施斯坎隆计划等激励机制时，如何让其更好地发挥作用？管理者需要注意以下两个方面。

首先，避免激励机制的陷阱。激励机制的陷阱表现在两个方面。

（1）把股权激励误认为纯粹的福利计划

薪酬激励的基础是电商团队的收益，但这并不意味着激励机制一定会为电商团队带来收益。如果管理者将激励机制误认为纯粹的福利计划，那就落入了激励机制的陷阱。为了规避这一陷阱，管理者应以团队的实际收益来规划团队的激励机制，当团队收益发生变化时，需要及时调整激励机制。

（2）激励机制"不"公平

不同的员工对团队的价值评估不同，在电商团队不同发展阶段，不同岗位的贡献也不相同，这都导致激励机制只能做到相对公平。这样就会有部分员工认为激励机制不公平。

为了避免这种情况，管理者要保证激励机制的程序公平，避免人为原因造成的不公平。同时，管理者要向员工阐明激励机制是长期的，只要对团队做出了贡献，就一定会获得相应的奖励。激励机制落实不到位大多是因为员工和管理者在激励机制的认知上产生了偏差。因此，管理者必须要与员工保持沟通，消除员工对激励机制的误解。

其次，奖惩措施必须要兑现。电商团队应该有一套合理的奖惩制度，并严格按照制度行事。对于优秀的员工，应该予以奖励；对于工作不佳甚至违反团队规章制度的员工，应该进行相应的惩处。奖惩制度不仅能够规范员工的工作行为，也能激发员工的工作热情。因此，管理者建立合理的奖惩机制，根据奖惩制度来兑现相应的奖惩措施，是保证员工工作顺利进行的重要手段。

为了让奖惩措施能公平公正地兑现，管理者应做到以下几个方面。

① 奖惩的依据必须公开，即管理者要给出明确、具体的奖励或惩处理由，让员工清楚自己是因为什么原因而受到奖励或惩处的。

② 在奖惩兑现之前，管理者要调查清楚事实，做到实事求是。

③ 在兑现奖惩时，管理者不能让主观情绪影响奖惩结果，要根据奖惩制度的规定严格兑现奖惩，做到不偏心不袒护。

④ 管理者要及时为员工兑现奖励与惩处，做到不拖延。

⑤ 管理者要合理、适当地给予员工奖惩，奖励不能过多，惩处也不能过重。奖励过多会导致员工唯利是图，不利于形成良性的竞争，而惩处过重则会打击员工的进取心。

只有严格兑现奖惩措施，电商团队的奖惩制度才有说服力。管理者可以在月例会上，根据实际工作情况，对员工予以适当的奖励或惩处。一方面可以激励员工继续努力工作，另一方面可以让员工反省自己的过失与不足，避免在下一阶段中发生同样的问题。

12.4 如何设计 电商团队的晋升体系

晋升体系的完善是优秀的电商团队所必须具备的要素之一，完善的晋升体系可以及时有效地为团队输送人才，也会对员工的工作起到激励作用。如何建立一个完善的晋升体系？

管理者在设计晋升体系时，必须以公平公正为原则，对于晋升方式、晋升条件和晋升程序都做出合理明确的规定，这样才会形成一个完整的晋升体系。

（1）晋升方式

① 岗位晋升：岗位晋升是最普遍的一种晋升方式，员工可以以工作技能的提高获得晋升，也可以通过技术职称的变更获得晋升。

② 交叉晋升：在晋升体系中，交叉晋升也是十分合理的。例如技术类的职位可以向管理类职位晋升，管理类职位可以通过技术职称提高而提升。

（2）晋升条件

晋升条件是管理者在设计晋升体系时需要考虑的因素。每个部门的晋升条件都是不同的，但也存在一定的共性，管理者在明确晋升条件时要考虑以下三个方面。

① 学历：不同的岗位晋升有不同的学历要求，职位越高，其学历要求也会越高。

② 专业技术：专业技术是实现晋升的硬性要求，是考察员工能否承担晋升岗位工作的必要条件。

③ 资历：资历指的是员工对于该项工作的从业年限及经验，有些电商团队会要求员工的工作总年限，也有些电商团队会要求员工在本公司内的工作年限。

（3）晋升程序

在设计电商团队的晋升体系时，管理者需要设立合理的晋升程序。完整的晋升程序应该包括以下几个流程，如图12-1所示。

1	2	3	4	5	6
职位出现空缺，部门管理者申报	人力资源部门审批并通过，发布竞聘通知	实践考核	采集意见，确定人选	试用	试用通过，获得晋升

图12-1　晋升程序

由图12-1可知，晋升程序一般为部门管理者向人力资源部门申报职位空缺→人力资源部进行审批并汇报电商团队管理者→审批通过后，人力资源部门发布竞聘通知→员工根据自己的实力报名并进行考核→公布竞聘结果，采集员工意见并确定人选→试用员工→试用期满后，对员工工作业绩进行考核。考核不合作者，免去其临时职务，该职务重新进入竞选流程，考核合格者需获得电商团队管理者的审批并由人力资源部门发文公告，最后考核合格者获得晋升。

12.5 案例：某电商团队的激励机制

某电商团队的激励机制

1.背景

电商团队的目标为2020年下半年毛利润达到390万元，净利润达到300万元。因此，该激励机制的目的是激励团队员工积极工作。

2.工资绩效结构

电商团队根据员工的工作经验和能力设置不同的基本工资标准，员工的绩效随团队总目标的改变，有不同的绩效要求和评分标准。其中，销售部门的收入构成为基本工资+绩效+提成+奖金，其他部门的收入构成为基本工资＋绩效＋奖金。

3.奖金

电商团队的奖金设置分为月度奖金和年度奖金，具体分配规则如下。

（1）月度奖金。月度奖励的奖金池为上一个月毛利润的15%，分配范围是除团队管理者外的全体员工，由各部门管理者对奖金进行详细的分配。

（2）年度奖金。年度奖金为2020年下半年毛利润的5%，分配范围同样是除团队管理者外的全体员工，分配方法为岗位基本工资×奖金系数×在职系数。其中，奖金系数为奖金池总数/员工工资总和，在职系数为在职月数/半年度6个月。

举例说明。

假设2020年下半年电商团队毛利润为390万元，运营成本为90万元，净利润为300万元，则年度奖金池=300万元×5%=15万元。

假设2020年最后一个月除电商管理者之外的员工工资总和为10万元，那么奖金系数为16/10=1.6，而在职系数的计算与员工的在职月份有关，如甲员工在职超过6个月，则按6个月计算，在职系数为6/6=1，年度奖金为基本工资×1.6×1=1.6基本工资；如乙员工在职3个月，则在职系数为3/6=0.5，年度奖金为基本工资×1.6×0.5=0.8基本工资，以此类推。

4.提成

提成也是激励机制的重要组成部分，提成的分配比例和范围如表12-1所示。

表12-1 提成分配范围和比例

岗位名称	运营总监	运营主管	店长	客服
奖金池	5%	10%	10%	75%

具体的分配方法如下。

（1）运营总监。提取上个月毛利润的5%，与本月工资一起发放。

（2）运营主管。提取上个月毛利润的10%，按比例与本月工资一起发放。

（3）店长。提取上个月毛利润的10%，按比例与本月工资一起发放。

（4）客服。提取上个月毛利润的75%，按比例与本月工资一起发放。

5.说明

执行时间为2020年7月1日至2020年12月31日。

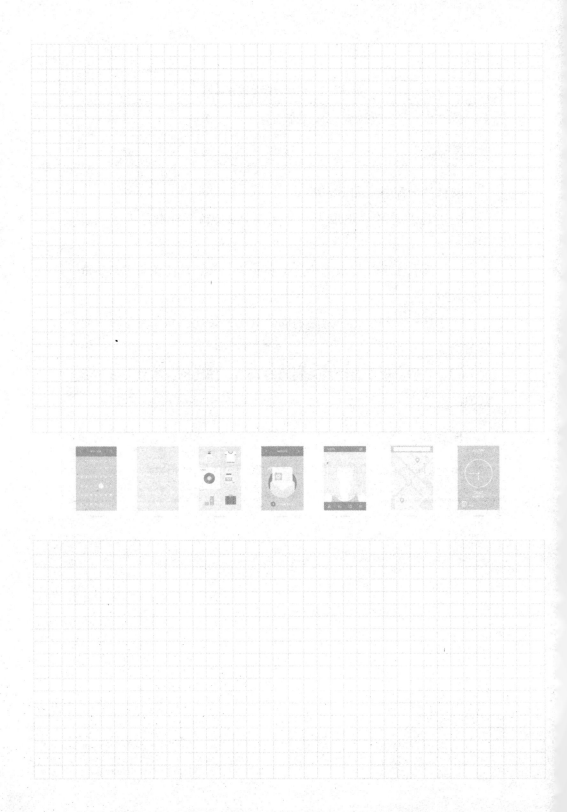

附录1　招聘需求申请表

招聘需求申请表								
招聘岗位		招聘人数		最迟到岗日期		可晋升职位		
招聘部门		招聘原因	□扩大编制　□储备人力 □辞职补充　□其他原因					
工作性质	□全职　□兼职　□为完成短期任务的临时工作（任务期限：　　　　）							
岗位职责及工作内容	1.							
	2.							
	3.							
岗位任职资格	年龄		性别		学历		专业	
	最低工作年限		薪酬		从事行业要求			
	其他要求							
	招聘来源	□内部招聘　推荐人员： □外部招聘　□网络招聘　□公开竞聘 □人才信息库　□猎头　□其他						
主管部门负责人签字： 　　　　　年　　月　　日				总经理签字： 　　　　　年　　月　　日				

附录2 员工培训需求调查表

员工培训需求调查表

部门：　　　　　填表人：　　　　　填表日期：　　年　　月　　日

培训类别	培训内容	是否同意	参加人员			培训方式				
			自愿参加	指定人员参加	部门全体员工参加	课堂授课	情景模拟	视听	座谈提问	其他
公共课程	公司文化、组织架构、业务									
	规章制度及福利待遇									
	其他									
业务知识	员工提出需求	是否同意	参加人员			培训方式				
			自愿参加	指定人员参加	部门全体员工	课堂授课	情景模拟	视听	座谈提问	其他
	1.运营									
	2.文案									
	3.美工									
	4.客服									
	5.推广									
	6.数据管理									
	7.物流									
	8.其他									
其他知识										

填表说明：

1.所列内容仅供参考，在同意的项目栏打√。

2.请您根据您的需求填写此表。

3.篇幅有限，必要时可另附纸说明。

附录3　员工培训报告表

员工培训报告表

编号：　　　　　　　　　　　　　　填表日期：　　年　　月　　日

姓名		性别		出生年月		身份证号码	
学历		专业		所属部门		职位	

培训时间	培训内容	培训部门	成果	所在部门	所在岗位

人力资源部评语：	所在部门评语：
签名： 　　　　年　　月　　日	签名： 　　　　年　　月　　日

注：该表存入员工档案，请保证内容真实有效。

附录4　电商团队绩效考核表

电商团队绩效考核表

考核项目	考核指标	权重	评价标准	评分
工作业绩	定量指标 — 销售完成率	20%	实际完成销售额 ÷ 计划完成销售额 ×100% 考核标准为 100%，每低于 5%，扣除该项 1 分	
	销售增长率	10%	与上一月度或年度的销售业绩相比，每增加 1%，加 1 分，出现负增长不扣	
	销售回款率	10%	超过规定标准以上，以 5% 为一档，每超过一档，加 1 分，低于规定标准的，为 0 分	
	新客户开发	10%	每新增一个客户，加 2 分	
	定性指标 — 市场信息收集	5%	1. 在规定的时间内完成市场信息的收集，否则为 0 分 2. 每月收集的有效信息不得低于 × 条，每少一条扣 1 分	
	报告提交	5%	1. 在规定的时间之内将相关报告交到指定处，未按规定时间交者，为 0 分 2. 报告的质量评分为 4 分，未达到此标准者，为 0 分	
	销售制度执行	5%	每违规一次，该项扣 1 分	
	团队协作	5%	因个人原因而影响整个团队工作的情况出现一次，扣除该项 5 分	

续表

考核项目	考核指标	权重	评价标准	评分
工作能力	专业知识	5%	1分：了解公司产品基本知识 2分：熟悉本行业及本公司的产品 3分：熟练掌握本岗位所具备的专业知识，但对其他相关知识了解不多 4分：掌握熟练的业务知识及其他相关知识	
	分析判断能力	5%	1分：较弱，不能及时地做出正确的分析与判断 2分：一般，能对问题进行简单的分析和判断 3分：较强，能对复杂的问题进行分析和判断，但不能灵活的运用到实际工作中 4分：强，能迅速对客观环境做出较为正确的判断，并能灵活运用到实际工作中取得较好的销售业绩	
	沟通能力	5%	1分：能较清晰地表达自己的思想和想法 2分：有一定的说服能力 3分：能有效地化解矛盾 4分：能灵活运用多种谈话技巧和他人进行沟通	
	灵活应变能力	5%	应对客观环境的变化，能灵活的采取相应的措施	
工作态度	员工出勤率	2%	1.月度员工出勤率达到100%，得满分，迟到一次，扣1分（3次及以内） 2.月度累计迟到三次以上者，该项得分为0	
	日常行为规范	2%	违反一次，扣2分	
	责任感	3%	0分：工作马虎，不能保质、保量地完成工作任务且工作态度极不认真 1分：自觉地完成工作任务，但对工作中的失误，有时推卸责任 2分：自觉地完成工作任务且对自己的行为负责 3分：除了做好自己的本职工作外，还主动承担公司内部额外的工作	
	服务意识	3%	出现一次客户投诉，扣3分	

附录5 员工自我鉴定表

员工自我鉴定表

申报日期：　　年　　月　　日

姓名		职位		部门			
入职日期		岗位		学历			
出生日期		工资	元	现任主要工作		现工作时间	

	项目	理由及建议	直属上司	部门主管
目前	你认为目前担任的工作与你是否合适 （□适合　□不太适合　□不适合） 工作量是否恰当 （□太多　□适中　□很少）			
工作	你认为你比较适合那些方面的工作 你不适合那些方面的工作 其中最适合你的工作是什么			
薪资	你认为你的工作报酬是否合理 （□合理　□不合理） 职位是否合理　（□合理　□不合理） 职称是否合理　（□合理　□不合理）			
培训教育	你曾否参加公司内部或外部举办的培训 （□曾参加　　□未曾参加） 曾参加过什么培训项目 你希望接受什么项目的培训			
工作目标	你的工作目标是什么 这个目标你已做到什么程度，是否达成			
工作设想	在你担任的工作中，你有什么更好的设想			
其他				

附录6　客服关键绩效考核指标表

客服关键绩效考核指标表

指标层级	工作数量		工作质量		日常工作		总计
	考核项目	比例	考核项目	比例	考核项目	比例	
班组指标	成功呼叫数量	5%	客户投诉量	5%			20%
	工时利用率	5%	话务抽查合格率	5%			
个人指标	成功呼叫数量	10%	客户投诉量	8%	出勤率	5%	80%
	工时利用率	10%	单位时长指标	7%	违反规章次数	10%	
	业务成功率	10%	话务抽查合格率	8%			
			客户挂机满意度	7%			
			培训考核指标	5%			
总计	40%		45%		15%		100%